기독교인
책에서 길을 묻다

기독교인 책에서 길을 묻다

| 김옥림 지음 |

씽크북

참 좋은 인생이 되는 길은
예수그리스도의 가르침 안에서
참 믿음대로 사는 것이다!

기독교인 책에서 길을 묻다 3

인간관계를 매끄럽게 하는 최고의 소통 바이블

참 믿음으로,
참 좋은 인생이 되는 길

하나님의 진실한 자녀로 살아가는 길은 누가 대신해 줄 수 있는 것도 아니고, 돈으로 배울 수 있는 것도 아니고, 명예로도 권세로도 살 수 있는 것은 더더욱 아니다. 그것은 오직 스스로가 선택해야 할 일인데 참 믿음을 기르는 것이다. 참 믿음을 기르기 위해서는 성경의 가르침대로 기도하는데 힘쓰고, 나보다 어려운 이들을 위해 사랑을 베풀고, 정직하고 의롭게 생활함은 물론 거짓으로 남을 곤경에 빠트리지 말아야 하며, 시기와 질투를 삼가고, 허영심과 허세를 버리고, 남에게 피해주는 일을 절대 행해서는 안 된다.

이렇게 말하면 믿음의 생활이 참 힘들다고 느낄 것이다. 그러나 그것은 어디까지나 마음먹기에 달린 문제이다. 그렇게 할 자신이 없다면 하나님을 믿되 하나님의 축복된 좋은 자녀가 된다는 것은 생각하지 말아야 한다. 그 정도의 노력도 없이 참 좋은 하나님의 자녀가 된다는 것은 스스로에게 부끄러운 일이 아닐 수 없다.

그것은 왜일까. 앞에서 제시한 참 믿음을 기르기 위한 조건은 믿지 않는 자들 중에서도 능히 실천할 수 있는 일이기 때문이며, 실제에 있어 우리 주변에는 그처럼 진정성을 갖고 사는 이들이 있다. 이처럼 믿지 않는 이들도 좋은 품성으로 진실하게 사는 이들이 있는데 하물며 하나님의 말씀을 믿는 이들이 그렇게 하지 못한다는 것은 본인의 문제라고 밖에 할 수 없다. 자신이 정녕 진실한 하나님의 자녀가 되고 참 믿음을 기르고 싶다면 앞에서 제시한 조건을 반드시 실천해야 한다.

믿음 생활을 하다보면 힘들고 어려울 때가 많다. 믿음과 현실이라는 사이에서 생활할 수밖에 없는 사람들로서는 당연한 일이다. 믿음 생활에 갈등을 느낄 수도 있고, 경제적으로 어려울 때도 있고, 가족들과 갈등을 느낄 때도 있고, 직장 동료들과 갈등을 일으킬 수도 있고, 사랑하는 사람과 갈등을 겪기도 하고, 부부사이에 문제가 발생할 수도 있고, 부모와 자녀사이에 문제를 일으키기도 한다. 이럴 때 기도와 믿음으로 풀어가는 게 최선의 방책이지만 책에서도 그 해답을 구할 수 있다. 책은 큰소리내지 않고 조용히 그 길을 제시해준다. 이런 관점에서 믿음을 가진 이들에게 작은 도움이라도 되고 싶어 이 책을 쓰게 되었다.

이 책은 청소년은 물론 대학생, 일반인들, 남녀노소 누구나 쉽게 이해하고 도움을 구할 수 있도록 다양한 책을 선정하여 소개하고 이해의 폭을 넓히기 위해 필자의 사상과 철학을 담아 풀어서 썼다. 이 책엔 쉽고 가볍게 읽히지만 그 의미는 어느 책보다도 깊고 넓은 장 지오노의 『나무를 심은 사람』과 타고르가 동양인 최초로 노벨문학 상을 받은 신을 향한 믿음과 사랑을 노래한 시집 『기탄잘리』도 있 고, 인생의 다양한 물음에 대한 러시아 대문호인 톨스토이의 생각을 정리한 『인생이란 무엇인가』라는 책처럼 주제가 무겁고 심오한 책 도 있으며, 죽을 만큼 힘든 최악의 고난에도 굴하지 않고 마침내 승 리함으로써 인간의 위대함을 보여준 『넬슨 만델라의 자서전』도 있 고, 하나님의 믿음 안에서 새로운 나로 거듭나기 위한 지혜와 철학 을 담은 『내 인생을 바꾸는 성경명언』도 있고, 기독교인이라면 한 번은 반드시 읽어야 할 책인 『기독교인이 죽기 전에 반드시 읽어야 할 책 100』도 있으며, 절제의 소박함에서 오는 참 행복의 의미를 담 은 헨리 데이비드 소로의 『월든』 등 각 분야의 소중한 이야기를 담 은 책들이 반짝반짝 빛을 뿜어내고 있다.

이 책 한 권이면 믿음, 인생, 사랑, 행복, 절제, 희생과 봉사, 배려 와 상생, 긍정의 힘 등 진실한 믿음생활을 하는데, 필요한 마인드와 생각을 기르는 데 큰 도움이 되리라 생각한다.

이 책이 모쪼록 하나님의 진실한 믿음의 자녀가 되기 위해 노력하 는 이들에게 참 좋은 믿음의 길동무가 되어, 그들이 참 좋은 인생으 로 살아간다면 필자로서는 무한한 행복이며 큰 기쁨이 되리라 믿는 다. 이 책을 대하는 모든 이들의 꿈이 이루어지길 소망한다.

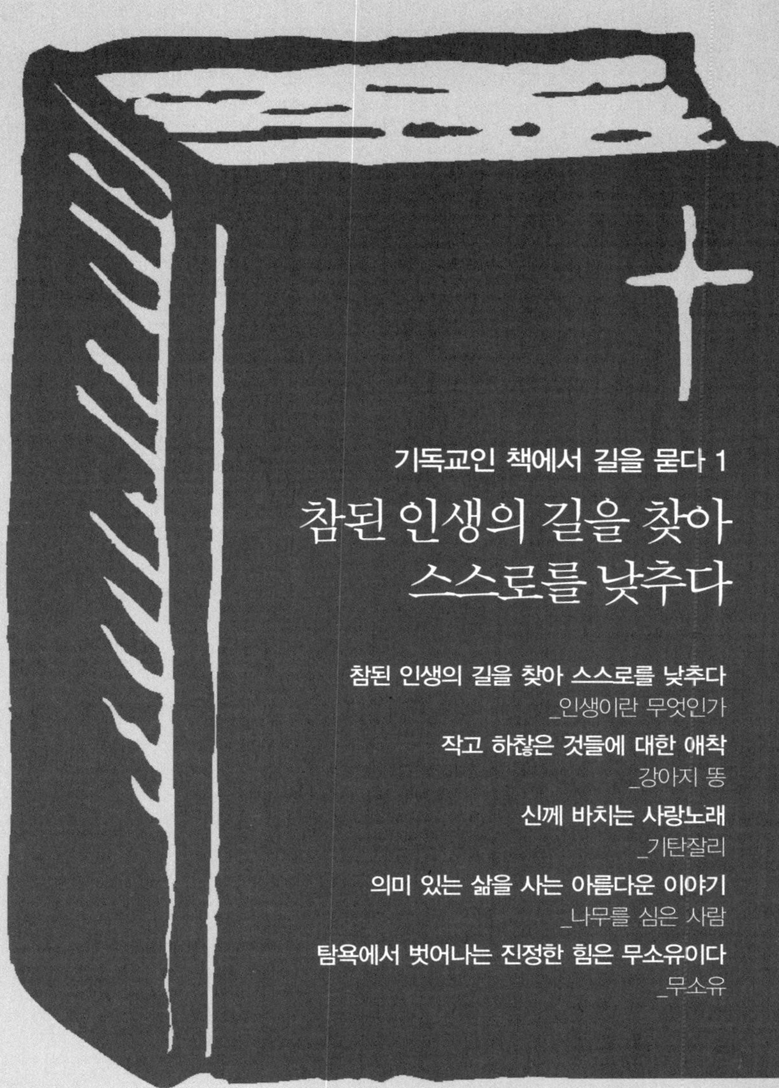

참된 인생의 길을 찾아 스스로를 낮추다

참된 인생의 길을 찾아
스스로를 낮추다

_인생이란 무엇인가

노벨문학상을 받은 러시아의 소설가 솔제니친은 단 한 권의 책을 선택한다면 『톨스토이의 인생론』을 갖겠다고 말했다. 이 책은 톨스토이가 소설가로서가 아니라 사상가로서 직접 쓰고, 때론 여기저기서 가려 뽑은 문장들로 구성한 책이다. 이 책은 동서문화사에서 『인생이란 무엇인가』라는 제목으로 출간되었지만 원제原題는 『톨스토이의 인생론』이다. 동서문화사에 출간된 이 책은 3권으로 구성되었는데, 1권은 '인생'에 대해, 2권은 '사랑'에 대해, 3권은 '행복'에 대해 말한다. 이 책은 그 양이 상당하다. 그런 만큼 내용이 다양하고 풍부하다. 솔제니친이 단 한권만의 책을 선택하라고 하면 이 책을 선택한다고 한 이유를 알 수 있다.

이 책에 대해 좀 더 구체적으로 알기 위해서는 톨스토이가 어떤 사람인지를 피상적이 아닌 자세하게 알 필요가 있다. 그만큼 톨스토이는 작가로서 사상가로서 지니는 위치가 크다고 하겠다.

러시아의 대문호 래프 N. 톨스토이Lev Nikolaevich Tolstoi(1828~1910)는
러시아가 자랑하는 국민작가이다. 톨스토이는 남부러시아 툴라 현
의 야스나야 폴랴나에서 부유한 명문 백작가의 4남으로 태어났다.
그러나 불행하게도 그의 나이 2살 때 어머니를 잃고, 8세 때 모스크
바로 이주하였다. 그런데 안타깝게도 그의 아버지 또한 사망했다.
그로인해 어린 톨스토이는 친척에 의해 양육되는 불행한 어린 시절
을 보내야만 했다. 톨스토이는 일찍부터 외로움이 무엇인지 사랑의
그리움이 무엇인지를 뼈에 사무치게 깨달았다.

톨스토이는 카잔 대학에 입학하였으나 공부에 흥미를 잃어 중퇴
를 하고, 고향으로 돌아가 지주로서 영지 내의 농민생활을 개선하려
고 노력하였다. 그러나 그의 노력은 실패를 하고 말았다. 당시 러시
아의 귀족사회는 톨스토이가 지향하는 삶을 용납하지 않았다. 이에
충격을 받은 톨스토이는 방황을 하며 잠시 방탕한 시기를 보내다,
1851년 형의 권유로 카프카즈 군대에 들어가 복무하며 창작을 시작
했다.

톨스토이는 1852년 처녀작 『유년시대』를 익명으로 발표하여 네
크라소프로부터 격찬을 받았다. 이에 고무된 톨스토이는 1854년
『소년시대』, 『세바스토풀 이야기』를 발표하며 청년작가로서의 지위
를 확보하였다.

군에서 제대를 한 톨스토이는 1857년 서유럽 문명을 살펴보기 위
해 여행을 하지만 실망하고 귀국하여 인간생활의 조화를 진보 속에
서 추구하던 그는 내성적인 경향을 모색하게 된다. 그는 나폴레옹의

모스크바 침입을 중심으로 한 러시아 사회를 그린 불후의 명작『전쟁과 평화』를 발표하고, 이어『안나 카레니나』를 발표했다. 그는 죽음에 대한 공포와 삶에 대한 무상에 대해 심한 정신적 동요를 일으켜 과학, 철학, 예술 등에서 그 해법을 구하려 하였으나 답을 얻지 못하고 종교에 의탁하게 된다. 그는 이후『교의신학비판』,『요약 복음서』,『참회록』,『교회와 국가』,『나의 신앙』을 발표하였다.

이런 책을 쓰면서 그의 사상은 체계화되었다. 그만의 사상을 '톨스토이 주의'라고 한다. 그의 사상은 타락한 그리스도교를 배제하고 사해동포관념에 투철한 원시 그리스도교에 복귀하여 근로, 채식, 금주, 금연을 표방하고 간소한 생활을 영위하며, 악에 대한 무저항주의와 자기완성을 신조로 하여 사랑의 정신으로 전 세계의 복지에 기여하는 것이다.

그의 이런 사상은 사회적 문제에 까지 미치자 1885년에는 사유재산을 부정하여 부인과 충돌을 한 후, 그의 일체의 저작권은 부인이 관리하게 된다. 그의 유명한 소설『부활』은 그의 사상을 잘 보여주는 대표적 작품이다.

톨스토이는 도스토예프스키와 함께 19세기 러시아 문학의 대가이다. 뿐만 아니라 그는 세계적인 대문호이다. 그는 자신의 문학과 종교적 신념으로 인해 부인과 갈등을 겪으며 힘든 결혼생활을 하였다.

그는 '톨스토이 주의'의 창시자로서 실천자로서 착취에 기초를 둔 일체의 국가적, 교회적, 사회적, 경제적 질서를 비판하는 동시에 그 부정을 폭로하고 지상에 있어서 '신국神國' 건설의 길을 인간의 도덕적 갱생에 두었으며, 악에 대항하기 위한 폭력을 부정, 기독교적 인간애와 자기완성을 주창하였다. 톨스토이는 한마디로 불세출의 작가며 철저한 자기완성을 위한 종교인이었으며 사상가이다.

『인생이란 무엇인가』의 1권은 인생에 대한 것으로 인생에 대한 지혜가 곳곳에 영롱한 가을 햇살처럼 반짝인다. 사람 사는 일은 하루하루가 신비스러운 길을 가는 것 같다. 오늘은 세상을 다 가진 듯 행복하다가도 어느 때가 되면 깊은 우울을 뒤집어쓰고 외로움과 고독에 몸을 떨기도 한다. 또한 지독한 슬픔에 빠져 견딜 수 없어하다가도 어느 때가 되면 구름을 뚫고 빛나는 햇살처럼 행복이 찾아온다. 인생은 그런 것이다.

삶이 막막해지거나 지혜가 필요한 순간엔 『인생이란 무엇인가』의 1권을 읽어보라. 다음은 1권의 주요 내용이다. 이 책엔 나는 누구인가, 라는 물음에서 나는 무엇을 아는가, 나는 어떻게 살 것인가에 대한 물음에 대해 말하고 있다.

톨스토이는 "그리 중요치 않은 평범한 것을 많이 알기 보다는 참으로 좋고 필요한 것을 조금 아는 것이 더 낫다."고 말한다. 이는 효율적인 지식을 갖는 것이야말로 인생을 살아가는데 더 큰 도움이 된다는 것을 말한다. 톨스토이는 인생을 살아가는데 필요한 것 중 하나가 책이라고 말한다. 특히 좋은 책을 읽어야 할 중요성을 헨리 데이비드 소로의 "무엇보다 먼저 좋은 책부터 읽어라. 그렇지 않으면 결국 평생 그 책을 읽을 기회를 놓치게 된다."는 말로 역설한다.

그리고 톨스토이는 종교의 본질에 대해 "나는 무엇을 위해 사는 가, 그리고 나를 둘러싼 무한한 세계와 나는 어떤 관계에 있는가 하는 물음에 대한 답이 있다. 가장 고차원적인 종교에서 가장 야만적인 종교에 이르기까지 거의 모든 종교가 그 밑바탕에 이러한 인간을 둘러싸고 있는 세계와 '나' 의 관계의 수립이라는 문제를 가지고 있다."고 말한다. 종교는 인간이 사는 세상과 그리고 그 속에서 살아가는 각 개개인의 삶이 동떨어진 것이 아닌 관계성을 가지고 있음을 말한다. 즉, 종교는 인간을 위한 것이라는 것이다.

톨스토이는 분노에 대해 "분노가 다른 사람에게 아무리 해를 끼친다고 해도, 그것은 누구보다 분노하고 있는 본인에게 더 해롭다. 분노는 반드시 그것을 불러일으킨 상대의 행위 이상으로 유해하다"고 말한다. 분노는 인간관계를 흐트러뜨리는 부정적인 삶의 요소이다. 분노는 자신에게도 상대에게도 전혀 도움이 되지 않기 때문이다.

톨스토이는 생명의 존엄성과 가치에 대해, 자선을 베푸는 것이 왜 인간관계를 부드럽게 하는지에 대해, 배움의 가치와 중요성에 대해, 예수님이 왜 이 세상에 오셨는지에 대해, 기독교의 본질에 대해, 인간의 가치에 대해, 그리고 가치 있는 인간으로 살아가는 방법에 대해, 땅은 사유의 대상이 되어서는 안 되는 이유에 대해, 이성이 인간에게 미치는 영향과 이성을 길러야 하는 것에 대해, 비난의 위험성에 대해, 사람은 평등해야 하는 이유와 권리에 대해, 인생의 고민과 그 해법에 대해, 자기희생과 자유에 대한 가치와 존엄성에 대해, 학문의 존재 이유와 가장 중요한 것부터 배워야 하는 이유에 대해, 선

과 악, 죄에 대해 자신의 목소리로 때론 에머슨, 에픽테토스, 러스킨 등의 수많은 인물들의 말을 인용하여 말한다.

『인생이란 무엇인가』의 2권은 사랑에 대해 말한다. 사랑은 인간이 살아가야 할 이유이자 삶의 핵심이다. 사랑이 없다면 ‘인간은 무엇으로 사는가’에 대한 문제에 대해 혼란을 겪게 된다. 인생에서 남녀간의 사랑이든, 부부간의 사랑이든, 친구간에 사랑이든 또는 절대자, 즉 하나님에 대한 사랑만큼 가치 있은 것이 있을까. 사랑은 인생의 모든 것이라 할만하다.

톨스토이는 사랑에 대해 “우리가 사랑할 수 있는 것은 완전무결한 것뿐이다. 따라서 사랑을 하려거든 아래의 것 하나를 선택해야 한다. 불완전한 것을 완전무결하게 생각하거나, 완전무결한 것, 즉 신을 사랑하는 것이다. 만약 불완전한 것을 완전무결하다고 생각한다면 그 오류는 쉽게 벗겨질 것이고, 그 결과 사랑은 종말을 고할 것이다. 그러나 반대로 신에 대한 사랑, 즉 완전무결한 존재에 대한 사랑은 영원히 끝나는 일이 없다.”고 말했다. 톨스토이는 진정한 사랑은 하나님을 믿는 것, 그것이야말로 최선의 사랑이라고 말한다.

그리고 톨스토이는 타인에 대한 사랑에 대해 “남을 깊이 사랑하면 할수록 우리는 그만큼 그 사람과 내가 다른 존재라는 것을 느끼지 않게 된다. 그러다 결국에는 그 사람과 나를 하나의 존재로 느끼게 된다.”고 말했다. 이는 타인에 대해 진실한 마음으로 사랑하라는 것을 의미한다. 내가 진실한 사랑을 주면 상대 또한 진실한 사랑을 베풀게 된다. 이런 사랑이야말로 나와 타인을 아름답게 이어주는 행복한 사랑인 것이다.

또 나아가 톨스토이는 인간이 진정으로 행복해지기 위해서는 "신은 우리가 행복해지기를 바라며, 그 때문에 우리의 가슴에 행복에 대한 욕구를 심어주었다. 그러나 신은 개개인의 개별적인 행복이 아니라 우리들 전체의 행복을 바라고 우리의 가슴에 사랑의 욕구를 심었다. 따라서 모든 사람이 서로 사랑하는 경우에만 우리는 진정으로 행복할 수 있다."고 말했다. 톨스토이가 말하는 행복은 모두가 사랑함으로써 행복해지는 것이다.

이 밖에도 톨스토이는 무수한 말들을 인용하거나 자신의 생각을 밝히며 사랑의 가치와 사랑의 존엄성에 대해 다각적으로 설명한다.

『인생이란 무엇인가』의 3권은 행복에 관해 이야기한다. 행복이란 인간이 바라는 최고의 기쁨의 순간이며 삶의 목적이다. 인간이 행복을 느끼지 못한다면 살아가야할 이유가 없다. 행복은 인간에게 삶의 동기이자 과정이며 목적인 것이다. 그런데 행복이 손상을 입는다면 어떻게 될까. 그것은 파멸을 의미한다. 행복이 없는 삶은 존재할 이유가 없기 때문이다.

막심 고리끼는 톨스토이에 대해 이렇게 말했다.

"그를 보면 평생 동안 손에 지팡이를 쥐고 수천 마일을 걸어 수도원을 찾아 한 성인의 유골을 보고 또 다른 유골을 찾아다니는 순례자가 떠

오른다. 철저하게 집도 사람도 물건도 소유하지 않는 무소유의 순례자, 그의 세계는 자신을 위한 것도 하나님을 위한 것도 아니다. 그는 습관적으로 신에게 기도하지만 그 내밀한 영혼은 신을 싫어한다. 왜 신은 톨스토이 같은 사람을 이 세상 끝으로 내모는 것일까. 그 사람은 길가의 쑥정이, 돌부리, 나무뿌리와 같다. 사람들은 길을 가다가 그것에 걸려 넘어진다. 심지어는 그것에 깊은 상처를 입기도 한다. 사람들은 그 같은 사람이 없어도 그럭저럭 잘 지낼 수 있을 것이다. 그러나 그에게서 자신이 미처 깨닫지 못하는 점, 혹은 전혀 다른 세계를 보고 놀라는 일은 즐겁다. 그는 러시아의 전설적인 영웅이었다. 용감했으나 야성적이었고, 완고했으며 어린아이 같았다."

막심 고리끼의 말은 사람들이 왜 톨스토이를 존경했는지 그리고 톨스토이는 어떻게 사람들을 사랑했는지를 잘 알게 해준다. 톨스토이는 러시아의 이름난 귀족이었지만 하나님을 만난 후 그의 생각은 낮고 가난하고 병들고 힘겹게 살아가는 사람들에게 관심을 갖게 되었다. 그 후 톨스토이는 스스로 검소한 음식을 먹으며 서민들의 진정한 친구가 되었으며, 그들을 위해 먹을 것과 입을 것을 나눠주었다. 그리고 그는 서민들을 위한 책을 써서 그들이 책을 통해 진정한 행복을 찾기를 바랐다.

다음은 톨스토이의 그러한 생각을 잘 알게 하는 말이다.

"글 읽을 줄 아는 몇 백만 러시아 인들은 굶주린 갈가마귀처럼 입을 벌리고 우리들 앞에 서서 '우리나라의 지식인 작가 여러분, 당신들 자신과 우리들에게 합당한 문학의 양식을 주십시오. 살아 있는 말에 굶주리고 있는 우리들을 위해 써주십시오. 죽어 있는 말은 쓰레기에서 우리들을 풀어주십시오' 하고 요구하고 있다. 러시아 인들은 아주 단순하고 정직하니까 우리는 그들의 요구에 응해야 한다. 나는 이 일에 대해서 무척 많이 생각했다. 그리고 내 재능을 다 바쳐 노력해야겠다고 마음먹었다."

이는 톨스토이가 작가인 다닐레프스키에게 한 말이다. 이 말에서 보듯 톨스토이는 진정으로 러시아 국민 특히 가난한 사람들을 사랑하였다.

『인생이란 무엇인가』의 3권에는 그가 쓴 많은 작품들이 수록되어 있는데 '행복' 이란 무엇인지에 대해 잘 알게 하는 작품들이다. 몇 가지 작품을 소개해보면 『사람은 무엇으로 사는가』, 『사랑이 있는 곳에 신이 있다』, 『두 노인』, 『바보 이반』 등 이름만 들어도 잘 알 수 있는 작품들이다.

『인생이란 무엇인가』는 톨스토이가 쓴 그 어떤 책보다도 의미가 있는 책이다. 톨스토이의 위대함은 그의 빛나는 작품에도 있지만 그가 부유한 귀족 출신이었지만 청빈한 삶을 산, 가난한 이들의 친구였으며, 그들을 위해 자신을 낮추고, 낮은 자리에서 사랑을 실천한 실천주의의 삶을 살았다는 데 있다. 톨스토이는 자신만의 색깔인 '틀스토이

주의' 라는 사상을 철저하게 실천한 작가이자 사상가였다.

기독교인들은 하나님과 자신과의 관계도 중요하지만 믿지 않는 이들과의 관계도 매우 중요하다. 하나님의 말씀을 전함으로써 그들을 하나님께 인도하는 것이야 말로 하나님과의 관계를 더욱 든독케 하는 길이기 때문이다.

타인과의 인간관계를 잘 맺기 위해서는 자신을 겸허하게 하고, 사랑과 봉사로써 사람들에게 감동을 주어야 한다. 길을 가거나 지하철 역 입구에서 보면 무턱대고 선교 전단지를 들이대는 경우를 종종 보게 된다. 이에 대해 불쾌하게 생각하는 사람들이 많다. 처음 보는 사람에게 전단지를 코앞에 들이대고 믿으라고 하는 것은 낡은 수법에 불과하다. 보다 차원 있게 사람들과 교류하는 방법을 시도해야 한다. 그런데 그 어떤 경우에도 변해서는 안 되는 것은 지극한 마음을 담아 '사랑과 봉사' 를 실천하는 것이다.

톨스토이가 보여준 실천적인 삶은 이를 잘 말해주고 있다. 말과 행동이 일치하는 삶이야말로 사람들을 하나님께 인도하는 가장 좋은 방법인 것이다.

2 작고 하찮은 것들에 대한 애착

_강아지 똥

이 세상엔 필요치 않는 것은 없다. 이 세상에 존재하는 그 모든 것은 저마다 필요하기에 존재하는 것이다. 하지만 사람들은 이를 도외시하는 경우가 많다. 단순히 겉모습이나 그것이 지니는 중요함의 가치성 여부에 따라 판단을 내린다. 이것이 인간이 지닌 모순이자 인간이 인간의 존재를 넘어 하나님이 될 수 없는 이유다.

아무짝에도 쓸모없을 것 같은 것에 눈길을 주는 마음, 나 보다 못한 이에게 관심을 기울이는 마음, 아무런 대가 없이 어려움에 처한 사람들에게 자신의 것을 나눠주는 마음, 이런 마음이야말로 하나님의 마음이며 하나님을 믿는 이들의 마음이 되어야 한다. 그러나 이런 마음을 갖기란 쉽지 않은 것 같다.

사람이란 존재는 이해타산적이어서 자신이 손해를 보는 일이나 자신과 관계없는 일에는 그 어떤 관심도 기울이지 않으려고 한다. 이처럼 메마른 사람들의 마음은 시대가 변할수록 더해만 간다. 그러다보니 인간성이 상실되고 서로에 대한 무관심만 점점 더 늘어가고 있다. 이런 인간의 마음을 조용히 그러나 깊은 울림으로 일꺠우는 책이 권정생의 『강아지 똥』이다. 이 책은 아동도서로는 드물게 밀리언셀러를 기록할 정도로 많은 사랑을 받았다. 어린이들뿐만 아니라 어른들이 읽어도 잃어버린 동심을 회복시킴은 물론 어떻게 사는 것이 인간답게 사는 것인지를 일깨운다. 온 가족이 함께 읽기에 더 없이 좋은 책이라고 하겠다.

이 동화의 내용은 이렇다.

아무짝에도 쓸모없는 강아지 똥이 길에 떨어져 있다. 하지만 아무도 거들떠도 안 본다. 냄새나고 아무짝에도 쓸모없는 똥이라는 이유에서다. 하지만 비가 오자 상황이 달라진다. 강이지 똥이 빗물에 녹아내려 예쁜 민들레를 피운 것이다. 강아지 똥은 형체도 없이 사라졌지만 빗물에 녹아지는 순간 민들레가 꽃을 피우는데 거름이 되었다. 똥 하면 더럽고 냄새나는 것으로 생각하지만, 권정생은 이 동화를 통해 작고 보잘것없는 것들도 세상에 존재하는 이유는 다 쓸모가 있기 때문이라고 말한다. 그리고 작고 보잘것없는 것들에게도 따뜻한 눈길을 보내야 한다고 말한다.

권정생이 길가에 아무렇게 떨어져 있는 강아지 똥을 소재로 동화를 쓸 수 있었던 것은 그의 마음이 작고 보잘것없는 것들에 대한 애착을 가졌기에 가능하다. 많은 작가들이 있어도 『강아지 똥』과 같은 동화를 쓸 수 없는 것은 그 만큼 사물을 대하는 눈이 깊지 않다는 것을 말한다. 또 강아지 똥이 동화의 소재로써 적합하다는 생각을 할 수 없었기 때문이기도 하다. 어린이들이 읽는 책은 맑은 동심을 기르고 착한 심성을 길러주는 소재가 아니면 꺼리는 경향이 있어서다. 그런데 권정생은 달랐다. 아무도 관심을 기울이지 않는 강아지 똥을 어린이들이 읽을 수 있도록 소재로 삼아 동화로 탄생시킨 것이다.

이는 권정생이기에 할 수 있는 일이다. 그는 살아생전 작고 여리고 보잘것없는 것들에서 끊임없이 작품 소재를 찾아냈다. 그의 책을 보면 등장인물들이 하나같이 못살고, 못나고, 몸이 불편하고, 사회적으로 소외 받은 이들이 대부분이다. 이는 그 자신 또한 그런 사람들 중 하나라고 생각했기 때문이다. 작가의 글엔 그 사람의 성격과 인간성, 배움의 정도, 철학과 사상이 들어있다. 그럴 수밖에 없는 것이 자신의 경험이 글 속에 녹아있기 때문이다. 프랑스 박물학자 뷔퐁은 "글은 그 사람 자신이다"라고 했는데 아주 정확한 지적이 아닐 수 없다. 여기서 권정생의 생애에 대해 살펴보는 것도 그를 이해하고 그의 작품을 읽는데 큰 도움이 될 것이다.

권정생은 1937년 9월 일본 도쿄 혼마치에서 태어났다. 아버지는 청소부로 일하고 어머니는 삯바느질을 할 만큼 가난했다. 그는 어린 시절 글을 깨치고 쓸 줄 알아 동화책 읽는 것을 참 좋아했다. 그의 가족은 2차 세계대전에서 일본이 패하자 이듬해 귀국하였다. 그러나 빈곤으로 인해 가족이 뿔뿔이 흩어졌다. 시간이 흐르고 서로 헤어져서 살던 가족들이 다시 안동에 모여 살았다. 아버지는 소작농으로 일하고 어머니는 행상을 했다.

권정생은 6.25전쟁으로 또 다시 가족들과 헤어져 지내다 다시 안동으로 돌아와 초등학교를 졸업했다. 그 후 권정생은 부산으로 떠나 1953부터 1957년까지 재봉틀 가게 점원, 서점 점원을 하다 안동으로 돌아왔다. 이때 앓게 된 늑막염 폐결핵으로 평생을 시달리며 살았다.

가난은 여전히 권정생을 고통스럽게 했고, 사랑하는 어머니가 돌아가시는 슬픔을 뼈에 사무치게 느꼈다. 권정생은 병이 악화되자 기도원으로 갔다. 그곳엔 나병환자가 있었다. 권정생은 그를 위해 등록비를 내주었다. 그러자 사람들이 권정생을 못마땅하게 여겼다. 하지만 권정생은 나병환자를 사랑으로 보살펴주었다.

그러나 나병환자는 일주일 만에 기도원을 나오고 말았다. 사람들 눈총 때문에 버티질 못했던 것이다. 권정생도 기도원을 나오고 말았다.

돈이 없던 권정생은 구걸을 하며 다녔다. 그는 자신도 배가 고팠지만 먹을 것을 아껴 거지들에게 나누어주곤 했다. 권정생의 마음은 언제 어디서나 한결같았다. 권정생은 집을 떠난 지 4개월 만에 집으로 돌아왔다. 그에게 또 다시 슬픔이 찾아왔다. 병으로 누워만 있던 아버지가 세상을 뜨고 만 것이다. 그리고 동생 또한 결혼을 하여 권정생의 곁을 떠났다.

혼자 남겨진 권정생에게 또 다시 시련이 찾아왔다. 병세가 악화되어 콩팥을 떼어내는 수술을 받았다. 2년 밖에 살지 못한다고 했다. 권정생은 일직교회 문간방으로 이사를 했다. 서른 살이 된 권정생은 교회 종지기가 되어 새벽마다 종을 쳤다. 그는 종지기가 된 것이 무엇보다 기뻤다. 그러는 동안 의사가 말한 2년이란 시한이 지나갔다.

하지만 권정생은 죽지 않았다. 그의 몸은 좋아지고 있었던 것이다.

권정생은 교회학교 교사가 되어 열심히 어린이들을 위해 봉사했다. 자신을 잘 따르는 어린이들을 볼 때마다 아이들에게 꿈을 심어주고 동심을 길러주고 싶었다. 권정생은 종을 치며 늘 기도했다.

"하나님, 이 세상을 평화롭게 만들어주십시오. 원수도 없고, 전쟁도 없고, 미움도 없고, 슬픔도 없고, 질투도 없고, 모두가 한 형제처럼 사랑하게 해주십시오."

권정생은 맑은 날이나 비가 오고 눈이 오고 바람이 부는 궂은 날에도 빠지지 않고 새벽종을 쳤다. 손이 꽁꽁 어는 추운 겨울에도 장갑도 안 끼고 종을 쳤다.

"날씨가 추운데 장갑을 끼고 종을 치세요."

목사와 신도들이 장갑을 끼라고 아무리 말해도 권정생은 "새벽 종소리는 가난하고, 소외받고, 아픈 이가 듣고, 벌레며, 길가의 구르는 돌멩이가 듣는데, 어떻게 따뜻한 손으로 칠 수 있어요."라고 말하며 마다했다.

이렇듯 권정생은 어린이들은 물론 강아지, 새, 풀, 들꽃 같이 보잘것없는 것들을 사랑하였다. 그만큼 그의 마음은 맑고 깨끗하였다.

비가 오던 어느 날이었다. 권정생은 비에 젖은 강아지 똥을 보고는 갑자기 생각을 떠 올렸다.

"아, 그래. 바로 그거야."

권정생은 그때 떠올린 생각을 소재로『강아지 똥』이란 동화를 써서 '제1회 기독교아동문학상 현상모집'에 보냈다. 그는 당당하게 당선하였다.

1973년에는 동화『무명저고리와 엄마』가 조선일보 신춘문예에 당선되었다. 1974년 첫 동화집『강아지 똥』이 세종문화사에서 출간되었고, 1975년 동화『금복이네 자두나무』로 '제1회 한국아동문학상'을 받았다.

대표작품으로는『몽실 언니』,『강아지 똥』,『사과나무밭 달님』,『하느님의 눈물』,『도토리 예배당 종지기 아저씨』,『점득이네』,『짱구네 고추밭 소동』,『무명저고리와 엄마』,『슬픈 나막신』등 다수가 있다.

특히『몽실 언니』는 드라마로 만들어져 많은 사랑을 받았다.

권정생은 10억이 넘는 재산을 두고도 기운 옷을 입고, 검정 고무신을 신고, 하루에 두 끼만 먹고 살았다. 그렇게 모은 돈을 어린이들을 위해 써 달라는 유언을 남기고 2007년 5월 눈을 감았다.

권정생의 생애에서 알 수 있듯 그는 자신보다 어려운 사람들에게 따뜻한 관심과 사랑을 베풀 줄 아는 하나님의 사람이었다. 우리나라 최고의 아동문학가로 평가받으면서도 자신을 높일 줄도 몰랐고, 언제나 낮은 자리에 머무르기를 원했다. 평생을 병으로 고생하면서도 글쓰기를 멈춘 적이 없다. 평생을 잘 먹고 편히 지낼 수 있을 만큼 인세가 들어왔지만, 자신의 몸 하나만 간신히 누일 수 있는 움막 같은 집에서 한 달에 2~30만 원으로 살았다. 자신을 위해 돈을 쓰지 않았다. 전국각지에서 독자들이 보내주는 선물은 이웃들에게 나누어주었다.

권정생은 평생을 일직교회 종지기로 종을 쳤다. 그는 종지기를 그 무엇보다도 자랑스럽게 생각한 진실한 신자였다. 『강아지 똥』은 권정생의 삶이 고스란히 배어있는 동화라고 할 수 있다. 그는 자신을 작고 하찮은 존재라고 늘 생각했고, 그런 자신이 어린이들을 위해 할 일은 어린이들이 밝고 건강하게 자라는데 도움을 주는 동화를 쓰는 일이라고 생각했다. 그랬기에 그는 몸을 가누지 못하는 상태에서도 글쓰기를 멈추지 않았던 것이다. 한 사람으로 그를 생각할 때 평생을 홀로 외롭게 살았고, 병마에 시달리는 고통을 겪었지만 그의 생애는 사랑과 헌신으로 언제나 충만했다. 권정생이 이처럼 살 수 있었던 것은 그가 철저한 믿음의 사람이었기 때문이다.

교회를 나간다고 해서 다 진실하지는 않다. 크리스천 중에도 하나님이 원치 않는 일을 하는 이들이 많다. 가난한 자들을 보고도 도움을 줄줄도 모르고, 힘들어 하는 사람을 보고도 외면하고 지나친다. 교회를 나가지 않는 사람을 자신들과는 다른 사람들이라고 생각하기도 한다. 이는 선민의식에 사로잡혀 있기 때문이다. 즉, 자신들은 하나님의 선택을 받은 사람이라는 것이다. 그래서 말로는 사랑을 외치고, 겉으로는 환하게 웃지만 돌아서면 사랑도 환한 웃음도 찾아볼 수 없다. 물론 하나님의 뜻대로 실천하는 진실한 크리스천도 있다. 이들은 오른손이 하는 일을 왼손이 모르게 한다. 하지만 이런 사람들은 많지 않다는데 문제가 있다. 사랑과 봉사를 가장하여 자신의 유익을 위해 선행을 베푸는 사람들도 많다. 자신을 이롭게 하기 위해 믿음을 이용하는 것이다. 이는 하나님께서 바라시는 일이 아니다. 이는 손바닥으로 하늘을 가리는 일이며 스스로를 속이는 일이다.

예수그리스도는 사람들에게 이렇게 말했다.

"어떤 사람이 예루살렘에서 여리고로 내려가다가 강도를 만나매 강도들이 그 옷을 벗기고 때려 거의 죽은 것은 버리고 갔더라. 마침 한 제사장이 그 길로 내려가다가 그를 보고 피하여 지나가고 또 이와 같이 레위인도 그 곳에 이르러 그를 보고 피하여 지나가되 어떤 사마리아 사람은 여행하는 중 거기 이르러 그를 보고 불쌍히 여겨 가까이 가서 기름과 포도주를 그 상처에 붓고 싸매고 자기 짐승에게 태워 주막으로 데리고 가서 돌보아 주니라. 그 이튿날 그가 주막 주인에게 데나리온 둘을 내어주며 이르되 이 사람을 돌보아주라 비용이 더 들면 내가 돌아올 때에 갚으리라"(누가복음 10장 30절~35절)

예수님이 허위로 가득한 사람들을 향해 비유로 말한 대목이다. 그 당시에도 율법에만 얽매이고 사랑을 실천하지 않는 보수주의자들인 바리새인들과 헬레니즘 문화를 받아들여 자신들만의 세계를 갖고 있던 사두개인 등 믿음대로 살지 않는 이들에게 진실한 사랑이 무엇인지를 잘 보여준다.

　사마리아인은 유대인들이 천시하고 무시하는 이방인이다. 유대인들에게 배척당하고 무시당하는 사마리아인은 사랑과 헌신으로 강도당한 사람을 도와주었다. 그러나 정작 도움을 주어야할 사람인 제사장과 레위인은 외면한 체 지나치고 말았다. 이 비유는 허위로 가득한 유대인들에겐 정문일침과도 같다. 말로는 하나님의 가르침에 따른다고 하지만 행동에 있어서는 상반되게 행동한다. 겉과 속이 완전히 다른 사람들이었다.

　나보다 어려운 이를, 어려운 일에 빠져 도움을 요청하는 이를 외면하는 것은 하나님의 뜻을 벗어나는 일이다. 지금 우리 주변의 교회와 교인들 중에도 제사장과 레위인처럼 행동하는 사람들이 많다. 그로인해 믿지 않는 사람들에게 곱지 않은 시선을 받고 있다. 이는 하나님을 욕되게 하는 불충과도 같다. 하나님의 가르침대로 살기를 원한다면 타인에게 사랑을 베풀고 헌신해야 한다. 또한 작고 보잘것 없는 하찮은 것들에 대해 깊은 관심을 가져야 한다.

　그런데 사람들 중엔 높고 멋지고 보기 좋은 것에만 관심을 기울이려고 하는 이들이 있다. 그리고 그 중심에 서기 위해 안간힘을 쓴다. 모두가 잘나고 잘살기 위한 일에만 골몰한다. 작고 낮아서 눈에 잘 띄지 않는, 구석진 곳에 있는 것들에겐 눈길조차 주지 않는다. 모두가 우뚝하고 빛나는 것만 원한다면 이 사회는 기형적인 사회가 되어 잘못된 삶을 살게 될 것이다.

　권정생은 작고 하찮은 것들을 통해 우리가 사는 세상을 아름답게 만들고 싶었던 것이다. 『강아지 똥』은 이러한 그의 생각을 유감없이 보여준 우리나라 최고의 동화이다.

　권정생이야 말로 하늘나라 강아지 똥이 아니었을까. 그렇다. 그는 분명 하늘나라의 강아지 똥이었을 것이다. 그랬기에 그는 살아생전 자신은 헐벗고 굶주렸지만 자신의 모든 것을 아낌없이 주었던 것이다.

　필자는 평소 그의 작품을 좋아함은 물론 그를 존경했다. 그래서 한 번 찾아뵈려고 했는데 그만 기회를 놓치고 말았다. 그가 믿고 섬기던 하나님의 부름을 받은 것이다. 나는 나의 게으름을 자책하며 그가 살았던 안동시 일직면에 있는 옛집을 찾아갔다. 집이라기보다는 움막에 가까운 낡고 허름한 거처였다. 그곳에서 평생을 병마와 싸우며 글을 썼을 그를 생각하자 가슴이 저몄다.

　권정생은 어린이 마음으로, 어린이 눈빛으로, 어린이의 해맑은 숨결로 동화를 쓰고 한 번도 어린이 마음을 버린 적이 없어 그가 쓴 동화는 어린이들에게도 어른들에게도 순결한 마음이 되게 했다.

　기독교인들이라면 『강아지 똥』은 반드시 읽어보아야 한다. 필자가 이 책을 기독교인들이 반드시 읽어야 할 책으로 삼은 것은 짧고 단순한 동화지만 이 책 속에는 기독교인으로서 갖춰야 할 마음자세가 잘 나타나 있기 때문이다. 머리로만 믿는 믿음은 뿌리 없는 나무와 같아 언제든지 믿음의 자리에서 벗어날 수 있다. 또한 행함이 없는 믿음은 죽은 믿음이다. 가슴으로 믿고 그 믿음을 행동으로 옮겨야 한다. 이것이 바로 참 믿음인 것이다.

신께 바치는
사랑의 노래

_기탄잘리

라빈드라나드 타고르의 『기탄잘리』는 신께 바치는 송가이다. 타고르는 『기탄잘리』로 동양인 최초로 1913년 노벨문학상을 수상하였다. 이 시는 157편의 벵갈어로 된 시를 타고르가 직접 103편을 골라 영어로 번역한 것을 1912년 영국에서 시집으로 발행하였다. 이듬해 타고르는 노벨문학상을 받으며 세계적인 시인의 반열에 올랐다. 한 권의 시집으로 노벨문학상을 수상하고 세계적인 시인으로 인정받았다는 사실은 매우 놀라운 일이 아닐 수 없다. 예이츠, 라이너 마리아 릴케 등 당대의 유명 시인들은 『기탄잘리』에 대해 최고의 찬사를 보냈다. 그만큼 『기탄잘리』의 문학성을 높이 산 것이다.

『기탄잘리』는 연작시로 편편마다 신에 대한 사랑을 노래한다. 그러나 그의 시는 화려하지 않다. 시적테크닉도 없다. 그의 시에 대해 예이츠는 "흙먼지가 눈에 띄지 않도록 적갈색 옷을 걸치고 있는 나그네"라고 평하였다. 이는 타고르의 시가 갖는 소박함과 은은함, 드러내지 않고 안으로부터 들려오는 울림 등을 말한다.

『기탄잘리』는 감수성이 예민할 때 주로 읽는 시집이 아니다. 이 시집은 나이가 들어 인생의 깊이를 얼마만큼 알 때 읽으면 더욱 그 의미를 이해하게 된다. 그럼으로써 삶을 보다 더 깊이 있게 관조하고 신과 나 사이의 간격을 좁힐 수 있게 됨으로써 보다 자신의 삶을 통찰할 수 있다.

시는 비유와 상징, 함축적인 표현으로 인해 이해하기가 쉽지 않다. 더욱이 현대시는 난해하고 상징성이 강해서 더더욱 시 읽기가 편치 않다. 이는 시를 쓰는 이들의 문제이기도 하고, 무조건 시가 어려워야 시답게 보일 수 있다는 그릇된 편견에 따른 문제이기도 하다. 필자 또한 시를 쓰는 시인이지만 난해한 시 쓰기는 그리 달갑지만은 않다. 이로 인해 언젠가부터 시의 독자들은 시를 떠나고 말았다.

지금의 시는 시인들이 자신들의 시적욕구를 채우는 수단으로서의 시 쓰기인 듯하여 심히 불편하다. 지금 팔리는 시집도 독자들보다도 시를 공부하는 문예창작과 학생들과 시인들이 대부분이다. 이런 현실이다 보니 출판사에서 시집 내기를 극도로 꺼린다. 그러다보니 시집에 목마른 사람들은 자비로 시집을 출판하는 게 마치 관례처럼 되고 말았다.

필자는 이런 관점에서 『기탄잘리』가 지금의 시점에서 그것도 우리나라에서 시집으로 나왔다면 과연 우리나라 평단이나 시인들의 세계에서 인정을 받았을까, 하는 생각이 든다. 필자는 이에 대해 결단코 아니다, 라고 말할 것이다. 그 이유는 이 시집이 처음 나왔을 때와 지금은 101년이라는 세월의 간격이 있고, 이 시집은 영국에서 발간되었다는 것과 시적경향이 다르기 때문이다. 그 당시에는 최고의 시집으로 찬사를 받았지만, 그래서 지금도 앞으로도 세계명시로써 그 명성을 잇겠지만, 지금 나왔다면 그 결과는 사뭇 달라졌을 것이다. 이에 대해 반론을 제기하는 시인이나 평론가도 있을 것이다. 만약 그렇다면 이들은 무슨 근거로 그렇게 주장할 것인가를 생각해 보니, 이미 그들의 뇌리 속엔 『기탄잘리』의 명성이 깊이 잠재되어 있기 때문이라고 생각한다.

물론 이것은 어디까지나 필자 생각이다. 필자와 생각이 다른 사람이 있다면 그를 굳이 비판하거나 탓할 마음은 전혀 없다. 같은 대상도 보는 이에 따라, 읽는 이에 따라 그 관점은 전혀 다르게 나타나는 법이니까.

시가 읽히지 않는 시대에 필자가 이렇게 말하는 것은 이를 환기시켜 예전처럼은 아니지만 시의 순수 독자들이 늘어났으면 하는 바람에서다.

『기탄잘리』는 모두에서도 말했지만 신께 바치는 노래이다. 이 노래는 사랑일 수도 있고, 열망일 수도 있고, 때론 회개일 수도 있고, 감사함에 대한 기도일 수도 있다. 타고르는 『기탄잘리』에서 생과 죽음, 자연과 신에 대한 자신의 감정을 담담한 어조로 밝히고 있다. 이 담담함이 소박함으로 순박함으로 나타나 깊은 감동을 주는 것이다.

님은 나를 언제나 새롭게 하시니,

여기에 님의 기쁨이 있습니다.

빈약한 이 그릇을 님은 비우고 또 비우시며,
언제나 신선한 생명으로 채우고 또 채우십니다.

언덕 넘어 골짜기 넘어 님이 가지고 다니는
이 작은 갈대피리는 님의 숨결을 받아
영원히 새로운 가락을 울려 왔습니다.

님의 불멸의 손길에 내 작은 마음은 기쁨에 젖어
그 한계를 잊고,
표현 불가능한 것들을 말로 바꾸어 놓기도 합니다.

님이 나에게 주는 무한한 선물은
오로지 아주 작은 이 두 손으로만 옵니다.

세월이 흘러도 여전히 님은 나를 채워주지만,
나에게는 아직 채울 자리가 남아 있습니다.

이 시는 〈기탄잘리 1〉이다. 이 시를 보면 자신을 새롭게 하시는
신께 대한 기쁨과, 자신을 축복으로 채우는 신께 대한 감사함이 잘
나타나 있다. 그리고 여전히 신의 축복과 사랑을 받기를 갈구하고

있다. 신께 대한 이런 갈망이 신을 기쁘게 하고 신으로부터 인정받을 수 있게 한다. 신도 가만히 있는 자에게는 자신의 사랑과 축복을 주지 않는다. 그 사랑과 축복을 받기 위해 끊임없이 기도하고 신을 위해 노력하는 자에게 사랑과 축복을 선물로 주는 것이다.

당신이 내게 노래를 부르라 하실 때
내 가슴은 자랑스러움으로 터질 것 같고
나는 당신의 얼굴을 올려다보며 눈물을 흘립니다.

내 생명 속 거칠고 어긋난 모든 것들이
한 줄기 감미로운 화음으로 녹아들고
나의 찬양은 바다를 나는
즐거운 새처럼 날개를 펼쳐 퍼덕입니다.

당신이 내 노래에
즐거움을 얻는다는 걸 나는 압니다.
오직 노래를 부르는 사람으로
내가 당신 앞에 나아감을 나는 압니다.

활짝 핀 내 노래의 날개 끝으로
나는 감히 닿을 수 없는 당신의 발을 어루만집니다.

노래 부르는 즐거움에 젖어

나는 넋을 잃고

내 주인이신 당신을 친구라 부릅니다.

이는 〈기탄잘리 2〉이다. 이 시에서는 신께 대한 감동으로 가득 차 있는 시적화자를 볼 수 있다. 그래서 충만한 기쁨과 행복감에 사로잡혀 신을 찬양하고 늘 신을 위해 노래를 부르고 나아가길 갈망한다. 이 시의 시적화자처럼 할 수 있다면 그것만으로도 충분히 신을 기쁘게 하고, 그로인해 큰 축복과 은총을 누리게 된다. 신은 자신을 드높이며 기쁘게 하고 찬양하는 자를 사랑하기 때문이다.

이를 기독교적인 관점에서 살펴보기로 하자. 하나님께서도 가만히 있는 자를 예쁘다고 사랑을 주고 축복하지 않는다. 하나님의 뜻대로 행하고 가난한 자들에게, 병들고 약한 이들에게, 소외받은 이들에게 사랑과 헌신으로 최선을 다하는 자들을 사랑하고 축복하신다.

그런데 무조건 교회만 나가고 기도만 하면 다 되는 줄로 안다. 이는 신자로서 기본적인 일에 불과하다. 하나님의 진정한 백성이 되기 위해서는 하나님의 뜻에 어긋나서는 안 된다. 또 주야로 묵상하고 하나님의 이름을 드높이고 다윗이 그러했듯이 하나님의 은혜를 감사하며 찬양해야 한다.

시편은 다윗이 하나님의 은혜에 감사하여 시로 지어 찬양한 것으로써(시편 150편 중 73편을 다윗이 씀) 문학적인 가치를 잘 드러낸 빼어난 시이다. 다윗은 목동으로 하나님에 대한 믿음이 돈독했다. 그는 이스라엘이 블레셋의 공격으로 위기에 처해 있을 때 블레셋군대의 거인 골리앗과 맞서 그를 꺾고 승리로 이끌었다. 그 후 이스라엘의 2대 왕이 되어 하나님의 뜻에 어긋남이 없이 이스라엘을 평화롭게 이끈 성군이다.

"여호와께 감사하고 그의 이름을 불러 아뢰며 그가 하는 일을 만민 중에 알게 할지어다. 그에게 노래하며 그를 찬양하며 그의 모든 기이한 일들을 말할지어다. 그의 거룩한 이름을 자랑하라. 여호와를 구하는 자들은 마음이 즐거운 자로다. 여호와와 그의 능력을 구할지어다. 그의 얼굴을 항상 구할지어다. 그의 종 아브라함의 후손 곧 택하신 야곱의 자손 너희는 그가 행하신 기적과 그의 이적과 그의 입의 판단을 기억할지어다. 그는 여호와 우리 하나님이시라 그의 판단이 온 땅에 있도다. 그는 그의 언약 곧 천 대에 걸쳐 명령하신 말씀을 영원히 기억하셨으니 이것은 아브라함과 맺은 언약이고 이삭에게 하신 맹세이며 야곱에게 세우신 율례 곧 이스라엘에게 하신 영원한 언약이라. 이르시기를 내가 가나안 땅을 네게 주어 너희에게 할당된 소유가 되게 하리라 하셨도다"(시편 105편 1절~11절)

이는 시편 105편에 나오는 구절로써 하나님께 대한 다윗의 마음이 잘 나타나 있다. 시편은 모두 150편으로 되어있다. 시편은 다윗을 비롯해 아삽, 솔로몬, 모세 등 하나님의 은총을 입은 자들이 감사함을 노래 한 것으로 전체가 하나님께 대한 감사와 은혜로 넘쳐난다.

타고르의 『기탄잘리』 또한 다윗의 시편처럼 자신의 마음을 담아 신께 노래한 시이다. 이런 관점에서 볼 때 타고르의 마음은 다윗의 그것과 너무도 닮아있다.

하나님께 인정받는 기독교인이 되기 위해서는 다윗이 온 몸과 마음으로 하나님을 찬양하고 이스라엘 왕이 되어서는 백성들을 긍휼이 여겼듯이 온 마음으로 하나님을 찬양하고 이웃을 사랑하고 배려하고 도움을 줄 수 있어야 한다.

다윗은 참 믿음을 가진 믿음인의 표본이라고 할 수 있다.

아브라함. 이삭, 야곱, 요셉, 다윗, 욥 등 하나님께 인정받은 자들의 공통점은 하나님께 택함을 입었다는 것이다. 하나님께 택함을 입기는 힘들지만, 택함을 받으면 축복은 저절로 따라오게 된다.

자신이 하나님께 인정받고 은혜로운 삶을 살고 싶다면 하나님이 기뻐하시는 일에 열정을 다 바쳐야 한다. 그것이야 말로 기독교인이 지녀야 할 참다운 믿음의 자세이다.

의미 있는 삶을 사는 아름다운 이야기

_나무를 심은 사람

무언가 의미 있는 삶을 산다는 것은 본인이나 주변 사람들에게도 매우 감사한 일이다. 의미 있는 삶은 나와 너, 우리와의 관계를 보다 새롭게 변화시키는데 있어 긍정적으로 작용하기 때문이다. 여기서 한 가지 분명히 할 것은 사람들은 대개 의미 있는 일은 거창하고 반짝반짝 빛나는 일로 안다는 것이다. 물론 역사적으로 남을 만한 일도 있다. 하지만 지금 보다 나은 일이라면 그것이 무엇이든 상관없이 의미 있는 일이라고 하겠다.

아프리카 남부수단의 톤즈에서 자신의 젊음을 아낌없이 바치고 떠난 이태석 신부처럼 많은 사람들에게 감동을 주고 귀감이 되었던 일도 의미 있는 일이지만, 가난한 아이들을 모아 자신의 집에서 숙식을 하며 지내는 어느 여성의 삶 또한 의미 있는 일이다. 나아가 자신이 상상한 대로 세상을 변화시킨 스티브잡스 같은 삶 또한 개인적인 삶을 넘어 의미 있는 일이다.

이처럼 의미 있는 일은 그것이 개인적인 것이든, 사회적인 것이든, 국가적인 것이든, 그 무엇이든 누군가의 삶에 깨달음을 줌으로써 변화를 이끌어내는 일이다. 변화란 새로움을 의미하고 지금과는 다른 환경을 만드는 일이다. 의미 있는 삶을 살기 위해서는 그만한 노력이 뒤따라야 한다. 노력 없이는 그 어느 것도 의미 있는 삶이 될 수 없다.

평범한 사람이 선택한 작은 일이 사람들을 변화시키고, 사회를 변화시키며, 사람들의 영혼을 울리며 깊은 감동을 주는 이야기이다.

프랑스 작가 장 지오노가 쓴 『나무를 심은 사람』은 한 사람이 세상을 위해 얼마나 위대한 일을 할 수 있는지를 잘 알게 해준다. 『나무를 심은 사람』은 장 지오노가 오트 프로방스를 여행하다 우연히 만난 혼자 사는 양치기 노인의 삶에서 큰 감동을 받아 쓴 소설이다. 이 소설은 실제 있었던 이야기를 소재로 하여 리얼리티를 충분히 살림으로써 더욱 감동으로 다가 온다.

장 지오노는 자신 또한 가난한 구두 수선공의 아들로 태어나 독학으로 많은 고전을 섭렵하고 습작하여 작가가 된 입지전적인 인물이다. 그는 노벨문학상 후보에 올랐으며 1954년에는 아카데미 콩쿠르의 회원으로 선출되는 등 프랑스의 대표적인 문학가이다.

장 지오노가 오트 프로방스 지방 알프스산악지대로 여행을 하던 중에 물을 구하기 위해 산길을 헤매고 있었다. 그 어디에도 사람도 집도 구경조차 할 수 없었다. 그러다 어떤 노인이 그의 눈에 들어왔다. 그는 노인을 향해 가까이 다가가 물을 얻어 마셨다. 노인은 양치기였다. 그가 사는 집엔 그 외엔 아무도 없었다. 개와 양들이 전부였다. 장 지오노는 노인의 집에서 하룻밤 신세를 지기로 했다. 노인은 흠 없는 도토리를 골라냈다. 장 지오노는 노인이 왜 도토리를 골라내는지 알지 못했다.

그 이튿날 장 지오노는 하루 더 묵어가겠다고 노인에게 말했다. 그는 노인에게 갑자기 호기심이 발동한 것이다. 노인은 어젯밤 골라놓은 도토리를 가지고 양떼를 몰고 방목장으로 갔다. 방목장에 도착한 노인은 개에게 양떼를 맡기고 언덕 위로 올라갔다. 노인의 손엔 쇠막대기가 들려 있었는데 쇠막대기로 땅을 파고는 도토리를 넣고 흑으로 파묻었다. 말하자면 참나무를 심었던 것이다. 노인은 백 개의 도토리를 심고 나서 점심을 먹었다. 그러고 나서 또 다시 도토리를 골라내 심기 시작했다.

장 지오노는 왜 도토리를 심는지에 대해 물어보았다. 노인은 3년 전부터 나무를 심어왔는데, 그동안 심은 도토리가 10만 개라고 했다. 그리고 싹이 난 도토리가 2만 개나 된다고 했다. 장 지오노는 노인의 이름이 궁금해졌다. 노인은 자신의 이름을 엘제아르 부피에라고 했다. 노인은 원래 평야지대에서 큰 농장을 했지만 아내가 죽고, 하나 뿐인 아들이 죽자 산속으로 들어왔다고 했다. 노인이 나무를 심기 시작한 것은 나무가 별로 없어 나무를 심어야겠다고 생각하고는 그때부터 나무를 심었다고 했다. 노인은 살아있는 동안 나무를 계속 심을 거라고 말했다. 장 지오노는 다음 날 노인과 헤어져 집으로 돌아왔다.

이듬해 1차 세계대전이 일어나 장 지오노는 전쟁에 참가하였다. 그리고 5년이란 세월이 흘렀다. 전쟁이 끝나자 장 지오노는 양치기 노인을 떠 올리며 '지금 쯤 참나무 만 그루가 넓은 땅을 차지하고 있겠지' 하고 생각했다. 장 지오노는 노인이 있는 곳으로 갔다. 노인은 여전히 건강한 몸으로 나무를 심고 있었다. 심은 지 10년이 된 참나무는 장 지오노보다도 더 크게 자랐다. 그 모습을 보는 순간 장 지오노는 가슴이 뭉클함을 느꼈다.

참나무 숲은 세 구역으로 되어 있는데 그 중 가장 넓은 곳은 11킬로미터나 뻗어 있었다. 장 지오는 누구의 도움도 없이 노인 혼자서 그 모든 것을 했다는데 놀라움을 감추지 못했다. 노인은 밤나무숲을 지나 자작나무숲으로 갔다. 장 지오는 또 다시 입을 다물지 못했다. 그 모습이 너무도 놀라울 뿐이었다.

1933년 산림감시원이 그 숲을 보고 노인에게 말했다. 숲이 잘못 될지도 모르니 불을 피우지 말라고. 그리고 산림감시원은 이 숲에 대해 보고했다. 1935년 정부대표단이 '천연의 숲' 을 조사하러 왔다. 그들은 노인이 심은 것을 전혀 모르고 있었던 것이다. 숲을 본 사람들은 감탄을 금할 수 없었다. 너무도 숲이 아름답고 기름졌기 때문이다. 이 사실을 알게 된 장 지오노는 숲 조사단 중 자신의 친구에게 사실대로 말해주었다. 이야기를 들은 친구는 놀란 입을 다물지 못했다. 한 사람이 한 일이라기엔 너무도 기적 같은 일이기 때문이었다.

장 지오노는 1945년에 마지막으로 노인을 만났다. 그때 노인의 나이는 여든일곱 살 이었다. 그 곳은 일만 명이나 사는 큰 마을로 변해 있었다. 노인이 처음 그곳에 나무를 심을 때 황무지였던 곳이 아름다운 숲의 마을이 되었던 것이다.

장 지오노는 노인을 통해 한 사람의 위대한 영혼이 얼마나 세상을 아름답게 변화시키는지에 대해 알게 되었고, 그 감동을 잊지 않고 세상 사람들에게 전해주기 위해 『나무를 심은 사람』이란 작품으로 승화시켰다.

하나님을 믿는 사람이 가져야 할 자세는 믿음을 통해 하나님의 존재와 존엄성을 믿지 않는 자들에게 알리는 일이다. 그런데 무조건 하나님을 믿으라고 하는 것은 낡은 방식이며 구태의연한 발상에 지나지 않는다. 하나님을 믿지 않는 사람들도 하나님의 존재에 대해 잘 알고 있다. 그만큼 기독교는 널리 알려진 보편화된 종교이다. 그러기 때문에 굳이 말로만 믿음을 강요하지 않는 것이 좋다.

말 보다는 행동으로 보여주어야 한다. 궂은일도 마다하지 않고, 힘든 일도 기쁨으로 하며, 배려하고 양보하는 자세를 보여야 한다. 그런데 믿지 않는 사람들과 똑같이 말하고 행동한다면 어떻게 될까. 그것은 하나님을 욕되게 하는 일이며 믿음의 가치를 추락시키는 일이다.

예수님은 다음과 같이 말씀하셨다.

"너희는 세상의 소금이니 소금이 만일 그 맛을 잃으면 무엇으로 짜게

하리요. 후에는 아무 쓸데없어 다만 밖에 버려져 사람에게 밟힐 뿐이
니라. 너희는 세상의 빛이라 산 위에 있는 동네가 숨겨지지 못할 것이
요. 사람이 등불을 켜서 말 아래에 두지 아니하고 등경 위에 두나니
이러므로 집안 모든 사람에게 비치느니라. 이같이 너희 빛이 사람 앞
에 비치게 하여 그들로 너희 착한 행실을 보고 하늘에 계신 너희 아버
지께 영광을 돌리게 하라."(마태복음 5장 13절~16절)

예수님의 말씀에서 믿음을 가진 자들이 가져야 할 자세와 역할에
대해 잘 알 수 있다. 믿음을 가진 자는 세상의 빛과 소금과 같은 존
재가 되어야 한다. 그러기 위해서는 무엇을 하던 의미 있는 모습을
보여야 한다. 의미 있는 한 가지 행동이 백 가지의 그 어떤 믿음의
말보다도 가치가 있기 때문이다.

장 지오노의 『나무를 심은 사람』에 나오는 양치기 노인 엘제아르
부피에는 어떻게 사는 것이 의미 있는 삶이며 가치 있는 인생인지를
잘 보여준다고 하겠다. 그가 가슴 깊이 감동을 주는 것은 그 어떤 대
가도 없이 수십 년을 나무 심는 일에 헌신했다는 점이다. 사람들은
대가 없는 일엔 관심을 갖지 않는 속성이 있다. 그것은 의미가 없는
일이라고 생각하기 때문이다. 그런데 엘제아르 부피에는 그러한 인
간의 보편적인 생각을 깨트리고 자신이 선택한 일을 즐기면서 많은
사람들을 행복하게 했다. 그처럼 한다는 것은 쉽지 않은 일이기에
그가 행했던 모든 일들은 하나 같이 깊은 감동을 주는 것이다.

　이런 관점에서 볼 때 행동이 따르지 않고 말로만 하나님을 부르짖
는 사람들은 진정한 신자라고 할 수 없다. 말로 하는 것은 누구나 쉽
게 할 수 있기 때문이다. 자신이 진정으로 하나님께 인정받고 싶다
면 행동으로써 믿음의 진정성을 보여야 한다. 엘제아르 부피에가 세
상을 자신이 살던 시대와 다르게 변화시키는 일에 헌신한 것처럼 믿
음 안에서 실천해야 한다. 그렇게 될 때 하나님의 은총 속에서 살아
가는 참 기쁨을 누리게 될 것이다.

5 탐욕에서 벗어나는
진정한 힘은 무소유이다

_무소유

많은 걸 가졌음에도 다 내려놓았던 사람, 그래서 많은 사람들의 존경을 받았던 사람, 지금은 떠나고 없지만 자신의 존재를 확고하게 남긴 사람, 그는 에세이 『무소유』로 잘 알려진 법정스님이다.

그는 아는 스님으로부터 선물로 난을 받았다. 그리고 3년 동안 정성을 다해 키웠다. 여름에는 시들지 않게 그늘로 옮겨주었고, 겨울엔 온도를 맞춰주었다. 아주 지극정성이 아닐 수 없다. 그러던 어느 날 일이 있어 나갔다가 부랴부랴 돌아왔다. 난초를 뜰에 내 놓은 채 다래헌을 비웠는데 장마 뒤에 햇볕이 너무도 강렬하게 쨍쨍 내려 쬐었던 것이다. 다래헌에 도착했을 때 난초 잎이 축 늘어져 있었다. 이 일로 법정은 집착이 주는 괴로움을 절실하게 느꼈다. 법정은 난 때문에 맘 놓고 어디든 갈 수 없다는 걸 깨달은 것이다.

며칠 후 친구가 방문을 하자 그에게 선뜻 아끼던 난을 주었다. 비로소 법정은 얽매임에서 벗어날 수 있었다. 그리고 가진 것이 없어도 행복할 수 있다는 삶의 진리를 터득하였다. 법정은 자신의 깨달음을 에세이 『무소유』로 썼던 것이다. 그때부터 법정은 지극히 최소한의 것만 놔두고 나머지는 모두 남에게 주었다.

법정은 내 놓는 책마다 베스트셀러가 되어 인세의 수입도 만만치 않았다. 그는 인세로 가난한 대학생들의 등록금을 대주는 등 소문 안나게 무소유의 삶을 실천하였다. 그는 불교계의 그 어떤 자리도 맡지 않았고, 스님들의 꿈인 주지 자리도 마다하였다. 자리에 연연하게 되면 그 또한 집착이 되어 자신이 지향하는 불도에 영향을 끼친다는 이유에서다.

법정은 『월든』의 저자인 헨리 데이비드 소로를 존경해서 그가 살았던 월든을 여러 차례나 방문했다고 한다. 소로는 최소한의 것만으로도 스스로를 행복해 했고, 많은 사람들에게 깊은 깨달음을 주었다.

그러나 사람들은 머리로는 이해를 하면서도 막상 무소유의 삶을 실천하기란 쉽지 않다. 그것은 마치 종교인의 수행과도 같아서 마음으로부터 철저하게 다짐을 한다고 해도 쉽지 않은 일이다. 이런 관점에서 볼 때 소로의 삶은 귀감이 아닐 수 없다. 또한 그를 닮고자 했던 법정의 실천적인 삶은 눈부시게 고귀하다고 하겠다.

잘못된 길을 가는 사람들 중엔 탐욕으로 인한 경우가 많다. 욕심이 화를 부르고 결국 인생을 스스로 망치는 것이다. 장관을 지냈던 사람들이 뇌물수수죄로 감옥에 갇히고, 청렴결백해야 하는 국세청장이 탐욕으로 인해 법에 심판을 받고, 국민들의 민의를 살펴 국정에 반영함으로써 국가의 발전에 전념해야 할 일부 몰지각한 정치인들이 줄줄이 감옥행이다. 어디 그뿐인가. 한 나라의 대통령을 지낸 사람들이 권력을 등에 업고 비자금을 조성하여 잘 먹고 잘 살다 다침내 추징을 당하는 지경에 이르러 국민들의 원성을 사고 있다. 또한 세금을 내지 않으려고 조세회피처에 재물을 몰래 쌓아두는 등 온갖 방법으로 세금을 포탈하는데 혈안이 되어 있다. 부패의 극치를 보는 것 같아 씁쓸한 기분이다. 이 모든 것은 탐욕이 일으킨 일들이다.

여기서 한 가지 분명히 할 게 있다. 대부분의 사람들은 욕심을 '죄'라고 생각하지 않는다. 그것은 인간의 보편적인 심성이라고 여긴다. 그러나 성경은 욕심을 죄라고 명시한다. 그리고 죄의 결과는 사망이라고 말한다. 이에 대해 살펴보기로 하자.

"욕심이 잉태한즉 죄를 낳고 죄가 장성한즉 사망을 낳느니라."

야고보서 1장 15절의 말씀이다. 탐욕의 결과는 이처럼 무서운 것이다. 하지만 이를 잘 아는 사람가운데도 버젓이 아무렇지도 않게 탐욕에 휘둘린다. 목회로 성공한 성직자들 중엔 물질의 탐욕으로 인해 그동안 쌓은 명성을 하루아침에 잃은 이들도 있다.

이는 신자들도 마찬가지다. 중소기업을 경영하는 대표가 직원들을 착취하는가 하면 가난한 나라 노동자들을 불법체류자라 하여 그것을 빌미로 폭행하고 월급을 주지 않는 등 온갖 횡포를 부린다. 그런데 이런 자들 중엔 하나님을 믿는 이들이 상당수 있다는 것이다. 이는 하나님의 이름을 욕되게 하는 일이며 인간성을 상실한 행위이다. 그리고는 교회에 가서 그 거짓된 입으로 하나님께 기도를 한다. 위선적이고 가증스러운 입술로 하는 기도를 하나님께서 들어줄 리가 없다.

하나님의 이름을 팔아 헌금을 강요하는 목회자들도 큰 문제가 아닐 수 없다. 교회를 잘 나가던 사람들 중 상당수가 이런 저런 명목을 내세운 헌금 강요가 부담스러워 교회를 나가지 않는다. 헌금을 많이 하면 축복을 받는다고 설교를 하는 것도 큰 문제이다. 하나님은 헌금을 많이 한다고 해서 축복을 더 많이 주시지 않는다. 하나님은 당신의 말씀을 잘 지키며 가난하고 어려운자들에게 사랑을 베풀고 진정으로 친구가 되어주는 자를 사랑하신다. 헌금 강요는 절대로 하나님이 바라시는 일이 아니라는 걸 똑똑히 알아야 한다.

이처럼 성공한 목회자가 물질에 매여 하나님의 이름을 더럽히고, 신자라는 사람들이 힘들게 살아가는 이들을 착취하고, 목회자가 축복을 빌미로 헌금을 강요하는 것은 하나님으로부터 징벌을 받는 그릇된 행위이다. 그래놓고도 반성 없이 변명으로 일관한다. 하나님을 두렵게 생각한다면 어떻게 자신이 한 일도 아니라고 말할 수 있을까. 인간이 제 아무리 아니라고 해도 하나님이 보시기에 죄라면 죄인 것이다. 그러기 때문에 온갖 구실을 내세워 자신을 굳이 변명하지 않는 게 좋다. 변명대신 무릎을 꿇고 하나님께 용서를 구하는 것이 자신이 지은 죄를 씻을 수 있는 가장 좋은 방법이다.

물질은 인간이 살아가는데 있어 반드시 필요한 것이지만, 그 물질로 인해 인간은 죄를 짓고 파멸에 이른다. 물질의 탐욕으로부터 벗어나는 것, 그것이 바른 삶을 사는 현명한 지혜이다.

법정이 종교를 떠나 많은 사람들로부터 존경을 받은 것은 탐욕을 멀리하고 청빈한 삶을 실천함으로써 종교인으로 한 인간으로서도 본이 되었기 때문이다. 그는 자신의 사후에 수십 권에 이르는 저서를 더 이상 판매를 하지 말라며 유언으로 남겼다. 법정의 유지를 받들어 사단법인 '맑고 향기롭게'와 담당 출판사들은 합의하에 절판을 하기로 해 그의 뜻을 존중해주었다. 법정은 죽어서도 무소유의 삶을 실천한 것이다.

"만족함을 알면 즐거울 것이지만 탐내기를 힘쓰면 근심이 생긴다."

경행록에 나오는 말이다. 만족함을 아는 것이 중요하다. 만족함은 사람마다 다르다. 어떤 사람은 백만 원이 있어도 만족함을 느끼지만 어떤 사람은 10억이 있어도 만족함을 느끼지 못한다. 스스로에게 만족할 줄 아는 사람은 그 만큼 행복을 느끼며 살아가게 된다. 하지만 만족함을 느끼지 못하는 사람은 그 만큼 행복하지 않다는 것이다. 이런 사람은 더 많은 것을 갖기 위해 탐욕을 부린다. 하지만 탐욕을 부린다고 해서 자신의 욕구가 채워지는 것은 아니다. 오히려 그 탐욕으로 인해 근심하게 되고 불행한 일에 빠지게 된다. 스스로 만족할 줄 아는 삶이 진정으로 행복한 삶인 것이다.

"인간의 욕망을 내버려 두면 끝이 없다. 끝이 없는 희망은 차라리 희
망이 없느니만 못하다. 욕망에 한계를 둔다는 것은 목표를 분명히 가
진 것이 된다."

괴테의 말이다. 이 말 역시 욕망에 대한 한계를 둘 줄 알아야 함을
뜻한다. 말하자면 욕망이 지나치지 않도록 해야 한다는 것이다. 욕
망이 클수록 잘못된 길에서 헤어나질 못한다. 역사적으로 볼 때 이
는 너무도 명백한 사실이다. 권력의 욕망에 잡혀 살던 이들은 권력
으로 망했고, 물질의 욕망에 사로잡혔던 이들은 물질로 망했다. 여
색을 탐하던 이들은 여색에 취해 망했다. 욕망이란 인간에게 필요한
심성이지만 지나친 욕망은 인간을 망치는 요괴와도 같다.

탐욕에서 벗어나는 힘은 무소유의 마음을 갖는 것이다. 그리고 스
스로를 만족할 줄 아는 마음을 갖는 것이다. 법정의 『무소유』에는
마음을 맑게 하는 글이 편편마다 들어있다. 마음이 답답하거나 탐욕
에 사로잡히거나 길이 보이지 않을 땐 『무소유』를 읽어 보길 바란
다. 그러면 지금껏 해왔던 자신의 행동에 대해 진지하게 생각하게
된다. 그리고 자신이 어떻게 살아야 하는지에 대해 고민하게 됨으로
써 지금까지와는 달라진 삶을 살아가는 당신이 될 것이다.

아낌없이
사랑하고 사랑하라

아낌없이
사랑하고 사랑하라

_아낌없이 주는 나무

이 세상에 존재하는 것들 중 자신의 모든 것을 다 내어주는 게 있다면 그것은 단연 '나무'다. 나무는 열매를 주고, 무더운 여름엔 그늘을 만들고, 집을 짓는 재목으로 쓰이고, 땔감으로도 쓰이며, 가구를 만드는데 쓰인다. 이렇듯 나무는 무엇 하나 필요치 않는 것이 없는 아낌없는 존재이다.

사과나무는 자신의 사과를 다 따가도 하나 불평하지 않는다. 살구나무도, 배나무도, 자두나무도, 앵두나무도, 밤나무도, 도토리나무도 세상의 모든 나무는 다 똑같다.

사람이 나무와 같을 수만 있다면 그 사람은 최선의 사랑이 무엇이며 최고 인생의 가치가 무엇인지를 잘 아는 사람이다. 그러나 이런 사람을 찾아보기란 쉽지 않다. 자신의 모든 것을 다 내어줄 수 있다는 것은 신의 경지에 이르지 않는 한 할 수 없는 일이다. 하지만 흉내는 낼 수 있다. 물론 그렇게 하는 것도 쉽지는 않다. 많은 인내와 절제가 있어야 하고, 사적인 이익을 위해서도 아니 되고, 어떤 고통이 따르더라도 아무렇지 않은 듯 받아들일 줄도 알아야 한다.

사랑과 희생의 가치가 인간에게 얼마나 깊은 감동을 주는지를 잘 알게 해주는 이야기이다.

미국의 가수이자 동화작가인 쉘 실버스타인의 『아낌없이 주는 나무』는 단순한 구성으로 쓰여진 작품이지만 이야기가 주는 깊이와 감동은 실로 크다. 이 짧은 이야기에는 인간이 어떻게 살아야 하는지에 대한 삶의 철학이 마치 잘 익은 사과처럼 영글어 있다.

소년과 나무는 서로 친구가 되어 날마다 만나서 놀았다. 소년은 나뭇잎으로 왕관을 만들어 쓰고 숲속의 왕 노릇을 하며 즐겁게 지냈다. 소년은 나무줄기를 타고 올라가기도 하고 사과를 따서 맛있게 먹었다. 신나게 놀다 피곤하면 소년은 나무가 만들어 준 그늘에서 달콤한 잠을 자기도 했다. 소년은 나무를 좋아했고 나무는 즐거워하는 소년의 모습에서 행복을 느꼈다.

시간이 흐르고 소년은 점점 나이를 먹어 갔다. 나무는 혼자 있는 시간이 많았다.

그러던 어느 날 소년은 나무를 찾아갔고 나무는 소년을 반갑게 맞아주었다. 나무는 예전처럼 신나게 놀라고 말했지만 소년은 어린 시절처럼 놀지 않았다. 소년은 이미 어린이가 아니었다. 소년은 돈이 필요하다고 말했고, 나무는 자신의 열매인 사과를 따다 팔라고 말했다. 소년은 사과를 따서는 가 버렸다. 나무는 자신의 과일을 사랑하는 소년에게 줄 수 있어 참 행복했다.

오랜 시간이 지나도록 소년은 나무를 찾지 않았다. 나무는 소년이 오지 않자 슬퍼하였다.

그러던 어느 날 소년이 나무를 찾아왔다. 나무는 뛸 듯이 기뻤다. 나무는 즐겁게 놀라고 소년에게 말했다. 하지만 소년은 따뜻한 집이 필요하다고 말했다. 나무는 자신의 가지를 잘라가라고 했다, 소년은 나무 가지를 잘라가지고 갔다. 나무는 자신의 가지를 소년에게 줄 수 있어 행복했다. 그리고 오랜 세월 소년은 오지 않았다. 나무는 또 다시 슬퍼졌다.

그러던 어느 날 소년은 나무를 찾아왔고, 나무는 반갑게 소년을 맞아주었다. 나무는 신나게 놀자고 했지만 소년은 나이가 들어서 그럴 수 없다고 말했다. 소년은 배가 필요하다고 말했고, 나무는 자신의 줄기를 베어다가 배를 만들라고 했다. 소년은 나무를 잘라서 가지고 갔다. 나무는 자신의 몸을 소년에게 줄 수 있어 참 행복했다.

오랜 세월이 지나고 소년이 나무를 찾아왔다. 나무는 이제 더 이상 줄 수 있는 게 없어서 미안하다고 말했다. 그러자 소년은 자신도 이젠 필요한 게 없다고 말하며 피곤해 했다. 그 모습을 보고 나무는 밑동밖에 안 남은 자신에게 앉아 쉬라고 했다. 소년은 나무의 말대로 밑동에 앉아 쉬었다. 그러자 나무는 매우 행복해 했다.

이 이야기에서 보듯 소년은 나무에게 받기만 하고 나무는 소년이 말만하면 자신의 모든 것을 다 주었다. 그리고 언제나 행복해했다.

소년을 향한 나무의 사랑은 어머니의 자식에 대한 사랑과 같다. 조건이나 대가를 바라지 않는 무조건적인 사랑이라는 점에서 너무도 흡사하다. 이 얼마나 아름답고 고귀한 사랑인가.

기독교는 사랑의 종교다. 기독교적인 사랑은 헌신을 말한다. 참고 기다리고 배려하고 온유한 마음으로 교만하지 않고 무례하지 않아야 한다. 그래서 기독교적인 사랑을 실천한다는 것은 쉽지 않다. 하지만 그래도 해야 한다. 그것은 하나님이 원하는 일이기 때문이다. 하나님은 당신의 뜻대로 실천하는 자를 사랑하시어 그에 합당한 축복을 베풀어주신다. 기독교적인 사랑은 무엇인지 그 의미에 대해 살펴보자.

"사랑은 오래 참고 사랑은 온유하며, 시기하지 아니하며, 사랑은 자랑하지 아니하며, 교만하지 아니하며, 무례히 행하지 아니하며, 자기의 유익을 구하지 아니하며, 성내지 아니하며, 악한 것을 생각하지 아니하며, 불의를 기뻐하지 아니하며, 진리와 함께 기뻐하고, 모든 것을 참으며, 모든 것을 믿으며, 모든 것을 바라며, 모든 것을 견디느니라."

고린도전서 13장 4절부터 7절에 나오는 말씀이다. 이 말씀에서 보듯 기독교적인 사랑은 참고 견디고 기다리며 온유한 마음으로 진리와 함께 기뻐하는 사랑을 말한다. 또한 시기도 하지 말아야 하고 교만해서도 안 된다. 기독교적인 사랑은 헌신이라고 할 수 있다. 따라서 사랑을 실천하지 않는 기독교인은 하나님께 인정을 받을 수 없다.

사랑은 그 어떤 사랑이라도 가치가 있다. 남녀 간의 사랑, 친구들의 우정, 이웃에 대한 사랑, 부부의 사랑, 부모와 자식의 사랑, 형제자매의 사랑 등 모든 사랑은 그 자체만으로도 아름답고 숭고하고 위대하다. 다음은 사랑의 정의에 대한 몇 가지 말이다.

"사랑은 봄에 피는 꽃과 같다. 온갖 것에 희망을 품게 하고 향기로운 향내를 풍기게 한다. 때문에 사랑은 향기조차 없는 메마른 폐허나 오막살이집일지라도 희망을 품게 하고 향기로운 향기를 풍기게 하는 것이다."
_플로베르

"사랑을 베푼다는 것은 이 세상을 꽃밭으로 만드는 위대한 열쇠이다."
_R. 스티븐슨

"진정한 사랑의 불가결의 조건은 희생적인 헌신, 남의 행복을 제 것인 양 추구하는 것이다."
_뒤파유

플로베르, R. 스티븐슨, 뒤파유의 말에서 보듯 사랑은 희망을 품게 하며 향기를 풍기게 하고, 이 세상을 꽃밭으로 아름답게 만드는 열쇠이며, 희생적인 헌신으로 행복을 전하는 것이다.

쉘 실버스타인의 『아낌없이 주는 나무』는 플로베르, R. 스티븐슨, 뒤파유가 말한 모든 내용이 함축되어 있다. 또한 기독교적인 '사랑의 표본'이라고 할 수 있다. 소년을 향한 나무의 절대적인 사랑은 어느 누구도 부인할 수 없는 최선의 사랑이다.

살아가면서 사랑의 가치를 잊고 살 때가 있다. 이럴 때 『아낌없이 주는 나무』를 읽으면 사랑의 소중함에 대해 다시 생각해 보게 되고, 마음에서 멀어져 갔던 사랑을 마음으로 품게 될 것이다. 지금 이 순간 당신의 사랑을 점검해보라. 과연 나는 바른 사랑을 하고 있는지를.

좋은 책은 매일 먹어도 질리지 않는 밥처럼 두고두고 읽어도 한결같은 감동을 준다. 『아낌없이 주는 나무』가 바로 그런 책이다.

진정한 행복이란 무엇인가

_행복한 청소부

행복의 기준은 사람마다 다 다르다. 사람들이 생각하는 행복의 척도가 다르기 때문이다. 어떤 사람은 별것도 아닌 것에서도 행복을 느끼는데, 또 다른 어떤 사람은 충분히 만족할 수 있는 상황에서도 자신을 불행하다고 말한다. 행복의 가치를 어디다 두느냐는 매우 중요하다. 그 기준에 따라 행복한 사람이 될 수도 있고, 그 반대일 수도 있기 때문이다.

그런데 분명한 것은 행복의 가치 기준이 낮을수록 행복은 커지고, 행복의 가치 기준이 높을수록 행복은 작아진다는 것이다. 자신이 보다 더 행복을 많이 느끼기 위해서는 행복의 가치 기준을 낮추는 것이 좋다.

진정한 행복이란 무엇인가에 대해 생각하게 하는 책이 있다. 독일의 작가인 모니카 페트가 쓴 『행복한 청소부』이다. 이 책엔 3편의 글이 실려 있다. 표제작인 〈행복한 청소부〉, 〈생각을 모으는 사람〉, 〈바다로 간 화가〉 이다. 이야기의 주인공은 하나 같이 가난하고, 사회적인 기준으로 볼 때 별 볼일 없는 사람들이다. 그러나 이들은 진정한 행복이 무엇인지를 잘 보여준다. 이 이야기에 잠시 귀를 기울여보라. 마음이 맑아지고 풋풋해지며 행복의 진정성에 대해 깊이 몰입하게 될 것이다.

청소부가 있다. 그는 독일의 거리 표지판을 닦았다. 그는 청소부 일을 자랑스럽게 생각하며 즐겁게 일했다. 그가 맡은 거리의 표지판은 음악가와 작가의 표지판이었다. 음악가의 거리엔 바흐의 거리, 베토벤의 거리, 하이든의 거리, 모차르트의 거리가 있다. 또 작가의 거리엔 괴테의 거리, 실러의 거리, 토마스 만의 거리, 브레히트의 거리 등이 있다.

그는 유명한 음악가의 표지판과 작가의 표지판을 닦는 것에 큰 자부심을 느끼곤 했다. 그가 닦은 표지판이 얼마나 깨끗한지 책임자인 청소국장도 다른 청소부들도 '최고'라며 칭찬을 했다. 그는 자신의 일에 만족하며 하루하루를 즐겁게 생활했다.

그러던 어느 날 자신이 닦는 표지판의 사람들이 과연 누구인가 하는 의문이 들었다. 그는 그들을 알기 위해 일이 끝나면 공부를 하였다. 우선 사람들 이름부터 정확히 익혔다. 그리고 날마다 신문을 읽었고, 음악회와 오페라 공연에 관한 정보를 수집하고 음악회와 오페라를 관람하였다. 그러는 동안 몰랐던 것들에 대해 하나씩 배워나갔다. 그는 레코드플레이어를 사서 시간이 날 때마다 열심히 들었다. 그러자 음악에 대해 귀가 열리기 시작했다. 음악가에 대해 익힌 그는 이번엔 작가에 대해 공부를 시작하였다. 그는 시간이 날 때마다 도서관에 가서 작가들에 대해 익혀나갔다. 그러자 몰랐던 작가들의 세계에 대해 알게 되었다. 그는 모르는 것을 알아갈 때 매우 행복해했다.

그는 일을 하면서 멜로디를 휘파람으로 불었고, 자신이 읽은 책에 대해 스스로에게 말했다. 그런데 신기한 일이 벌어졌다. 사람들이 그의 이야기를 듣기 위해 몰려들기 시작했다. 사람들은 그가 청소부라는 사실을 믿을 수가 없었다. 그는 너무도 많은 걸 알고 있었기 때문이다. 날이 갈수록 점점 더 많은 사람들이 그의 주변에 몰려들었다. 소문을 듣고 '오늘의 인물'이라는 텔레비전 방송국에서 기자가 왔다. 그들은 일하는 청소부를 찍으면서 인터뷰를 했다. 그 다음 날 그는 유명해져 있었다. 그가 어디를 가던 사인을 받기 위해 사람들이 몰려들었다. 그리고 집으로는 온 사방에서 편지를 보내왔다. 그가 유명해지자 네 군데 대학에서 강연을 해 달라고 했다. 그러자 그는 이렇게 말했다.

"나는 표지판을 닦는 청소부입니다. 강연을 하는 건 내 자신의 즐거움을 위해섭니다. 나는 교수가 되고 싶지 않습니다. 지금 내가 하고 있는 청소 일을 계속하고 싶습니다."

그는 교수 요청을 거절하고 청소부로 남았다. 그는 일하는 즐거움을 잘 아는 사람이었다. 또한 그는 진정한 행복은 교수처럼 시회적인 지위를 인정받는 것이 아니라 자신이 맡은 일을 즐겁게 하는 것이라는 걸 잘 아는 진정으로 행복한 사람이다.

생각을 모으는 사람이 있다. 그의 이름은 부루퉁이다. 그는 길을 갈 때 예쁜 생각, 즐거운 생각, 기분 좋은 생각, 슬기로운 생각, 긴 생각, 짧은 생각, 슬픈 생각, 고운 생각 등 많은 생각들을 모았다. 그리고는 그 생각들을 메고 다니는 배낭에 넣었다. 또한 부루퉁은 생각의 소리를 들을 수 있어 여기저기서 나는 소리까지도 다 들을 수 있었다. 그는 늘 낡은 옷만 입고 다닐 정도로 가난했지만 언제나 밝은 모습이었다.

부루퉁은 날마다 생각을 모아 배낭에 담아 집으로 돌아와서는 생각을 꺼내 화단의 흙을 파고 심었다. 겨울에는 갈색 유리로 된 온실에다 심었다. 화단에 심은 생각들이 갖가지 예쁘고 향기로운 꽃을 피우면 그 꽃들은 작은 알갱이가 되어 바람에 날려갔다. 그리고 집집마다 들어가 꿈을 꾸고 있는 사람들의 이마에 가만히 내려 앉아 새로운 생각으로 자라났다. 이 새로운 생각이 사람들에게 꿈을 주고 행복을 심어주었다. 부루퉁은 아무도 모르게 숨어 있는 생각을 모으는 일을 아주 행복하게 생각했다.

어느 도시에 가난한 늙은 화가가 살았다. 그는 거리의 카페를 그리고, 도시의 큰 길, 골목길을 그렸다. 굴뚝에서 피어오르는 연기를 그렸고, 공원의 상수리나무들을 그리고, 동물원을 그렸다. 그는 또

광고벽화를 그렸고, 오페라 극장, 거리의 악사, 놀이터에서 노는 어린이들, 애완견 등을 그렸다. 그러던 어느 날 바다가 아름답다는 사람들의 이야기를 듣고는 바다로 여행을 가기 위해 돈을 모으기 시작했다.

그는 감자와 빵만 먹었고, 머리도 직접 자르고, 버스나 전철을 타는 대신 걸어 다녔다. 자전거도 팔고, 어머니로부터 물려받은 찻잔 세트도 팔고, 손목시계 등 돈이 될 만한 것은 모두 팔았다. 그리고 마침내 화가는 그렇게 꿈꾸던 바다로 갔다. 그는 섬에서 값싼 집을 빌렸다.

화가는 날마다 바다로 나가 한참을 바라보곤 했다. 그는 바다를 보면서 새로운 세계를 보는 듯 했다. 그는 밀물과 썰물, 장미, 조개, 방파제, 언덕과 갈대를 그렸다. 항구를 그리고, 고깃배를 그리고, 어부, 모래위에 발자국들, 하늘을 나는 갈매기들을 그렸다. 그는 자신이 그릴 수 있는 모든 것은 다 그렸다. 섬마을 사람들은 그가 그린 그림을 보러 놀러오곤 했다.

화가는 다시 도시로 돌아왔다. 그는 자신이 그린 바다가 있는 그림을 너무도 좋아해서 침대위에 걸어놓고 늘 바라보았다. 화가는 자신이 그린 그림이지만 매우 만족했다. 그래서 누군가가 그림을 사겠다고 말하면 안 된다며 거절하였다. 그는 언제나 가난했지만 그의 얼굴엔 늘 행복한 미소가 피어났다.

행복한 청소부는 자신이 맡은 표지판 닦는 일을 사명으로 알고 즐

겁게 일한다. 대개의 사람들은 환경미화원하면 천한 직업으로 여긴
다. 배우지 못한 사람들이나 하는 하찮은 일로 여기는 것이다. 하지
만 이야기 속 청소부는 자신의 일을 긍지를 갖고 한다. 그는 음악가
와 작가의 이름이 표기된 표지판을 닦으면서 그들이 어떤 사람인 줄
도 모른다. 그러던 그가 오랜 독학 끝에 음악가와 작가들을 꿰뚫는
지식을 갖게 된다. 텔레비전에 출연한 것을 계기로 하루아침에 대학
교수로 초빙이 될 만큼 유명인이 된다. 그러나 그는 자신이 하는 청
소부 일을 계속하길 원했다. 그는 겸손했고, 어떻게 사는 것이 자신
을 행복하게 하는 지를 잘 알았다.

생각을 모으는 사람 이야기는 생각의 소중함을 잘 알게 해준다.
생각을 화단에 심고 꽃이 피어나면 그 아름다운 꽃향기가 집집마다
들어가 사람들에게 새로운 생각으로 자라게 한다. 생각을 모으는 사
람 역시 자신이 하는 일에 대해 만족한 행복을 느낀다.

바다로 간 화가는 자신이 그리고 싶은 바다로 가기 위해 자신이
갖고 있던 모든 것을 판다. 그리고 돈을 모으기 위해 먹는 것도 줄이
고, 머리도 직접 깎았다. 그렇게 해서 마련한 돈으로 바다에 가서 자
신이 그리고 싶은 바다 그림을 그린다. 그는 그 그림을 애지중지 하
며 아주 행복해 한다.

이 이야기에서처럼 진정한 행복은 돈에 있는 것도 아니며 명예에
있는 것도 아니며, 유명하게 되는 데 있는 것도 아니다. 스스로에게
만족할 줄 아는 데 있는 것이다.

묵자는 이렇게 말했다.

"만족한 마음을 가질 수 없는 사람에게는 결코 만족한 생활이란 있을
수 없다."

그리고 알랑은 다음과 같이 말했다.

"행복이란 스스로 만족하는 데 있다. 남 보다 나은 것에서 행복을 구
한다면 영원히 행복하지 않을 것이다. 그것은 누구나 남보다 한두 가
지는 나은 점이 있지만 열 가지가 남보다 뛰어난 사람은 없다. 그러므
로 남과 비교하지 말고 스스로 만족할 줄 알아야 한다."

자신이 진정으로 행복하길 바란다면 스스로 만족할 줄 아는 마음
을 길러야 한다. 그렇지 않으면 재물이 산더미처럼 쌓여 있어도, 명
예가 밤하늘의 수많은 별처럼 반짝여도, 지위가 태산보다 높다한들
진정한 행복을 느낄 수 없다. 스스로 만족하는 일에 행복의 가치를
두어야 하는 것이다.

기독교인들은 묵자와 알랑이 한 말을 가슴깊이 새겨야 한다. 하나
님을 믿는다는 것은 부자가 되기 위해서가 아니다. 자신이 행복하기
위해서다. 그런데 일부 그릇된 신앙관을 가진 목회자들이 축복을 받
기 위해서는 헌금을 하라며 강요한다. 이는 하나님을 모독하는 행위
며 믿음의 가치를 손상시키는 어리석은 일에 불과하다. 그러므로 자
신이 진정으로 행복하길 바란다면 스스로 만족할 줄 아는 마음을 위

해 기도해야 한다.

그리고 자신을 사랑하듯 타인을 사랑하고, 어려운 사람들을 돕고, 고통에 빠진 이들에게 힘이 되어주어야 한다. 하나님을 기쁘게 하는 것은 예배당을 크게 짓고, 화려하게 장식을 치장하는 것이 아니다. 그 럴듯한 겉모습에 돈을 들이지 말며, 교세를 넓히기 위해 다른 교회와 쓸데없이 경쟁하지 말며, 자신이 가진 것을 자랑치 말며, 언제나 겸 허하고 공손하게 믿음대로 살아가는 것을 근본으로 알아야 한다.

그리고 더 많이 행복하길 바란다면 이것 역시 마음에서 비워야 한 다. 이 또한 욕심이므로 진정한 행복을 가로막는 방해꾼일 뿐이다. 이 모든 것으로부터 자유로울 수 있을 때 진정한 행복은 시작되는 것이다.

3 고난에 굴복하지
않는 힘은 무엇인가

_넬슨 만델라 자서전

고난은 살아가는 동안 누구에게나 찾아오는 인생의 손님이다. 물론 피하고 싶은 반갑지 않은 손님이다. 그러나 피한다고 해서 피할 수 있는 손님은 아니다. 자신의 의지와 상관없이 오기 때문이다. 그렇다면 고난에 두려워할 필요는 없다. 하나님은 인간이 극복하지 못하는 고난은 주지 않는다. 고난을 부정적인 시각에서 보면 아무짝에도 쓸모가 없는 백해무익한 것이다. 하지만 긍정적인 시각으로 보면 지금과는 다른 삶을 살아가기 위한 전환점이 될 수 있다.

역사적으로 볼 때 성공적인 삶을 살았던 사람들이나 살고 있는 사람들을 보면 순탄하지 않은 이들이 많다. 지독하게 가난했거나 물질은 풍요로웠지만 가정환경이 좋지 않았거나 하는 등의 어려움이 있었다. 그런데 그들은 고난을 피하지 않았고, 자신이 한 단계 도약하는 계기로 삼았다. 그들은 자신에게 지지 않음으로 해서 지금보다 나은 길로 나아갈 수 있었다.

고난을 어떤 관점으로 보느냐에 따라 인생은 크게 달라질 수 있다. 그렇다면 고난을 반가워 할 것까진 없어도 굳이 피하려고 애쓸 필요는 없다. 주어진 대로 받아 넘길 수 있는 적극적인 자세를 취하는 것이 고난을 이기는 비법이자 최선의 선택이다.

사람으로서는 도저히 감당하기 힘든 고난을 이겨내고, 자신의 신념대로 삶을 이끌어냄으로써 전 세계인들로부터 존경을 한 몸에 받는 남아프리카공화국 최초의 흑인대통령인 넬슨 만델라를 보자. 그는 인간이 견딜 수 있는 고난의 한계는 과연 어디까지인가를 확실하게 보여준 위대한 인물이다. 그의 라이프스토리는 듣고 읽는 것만으로도 충분한 감동 그 자체다.

넬슨 만델라는 남아프리카공화국 트란스케이의 수도인 움타타의 작은 마을 음베조의 추장아들로 태어났다. 아버지는 분쟁에 휘말려 추장직과 재산과 지위를 모두 잃고 말았다. 살길을 찾아 쿠누로 갔지만 갑작스럽게 아버지가 사망하였다.

만델라는 템부족 책임자인 욘긴타바 달린디에보의 후원으로 엥코보지역에 있는 클라크베리학교와 보퍼트 요새에 있는 힐트타운 대학을 졸업하였다. 그 후 시델스키 변호사 사무실에서 견습서기로 일하며 비트바테르스탄트 대학을 졸업했다.

1944년 아프리카민족회의(ANC) 청년동맹을 설립하고 흑인인권운동에 참여했다. 1952년에는 최초의 흑인 변호사 사무실을 열었다.

만델라는 아파르트헤이트(인종분리정책)에 대항해 싸우다 1956년 반역죄로 기소되었지만 1961년 무죄로 석방되었다. 1960년 ‘샤프

빌 대학살 사건'의 충격을 받고 폭력투쟁을 벌이다 1962년 5년형을
받았다. 수감 중이던 그는 1964년 종신형을 선고받고 로벤섬에 있
는 교도소에 수감되었다. 이로써 만델라는 27년을 감옥에서 보내게
된다. 1990년 2월 석방된 만델라는 1991년에 '아프리카민족회의'의
장에 선출되었다. 만델라는 가능한 빨리 과도정부를 구성하는 것이
필요하다고 주장했다.

　정부와 '아프리카민족회의', 그리고 공산당과 다른 단체와의 회
담이 열렸다. 모든 단체가 처음으로 갖는 공식회담이었다.

　이는 매우 의미 있는 회담이었다. 민주화로 가는 중요한 과정이었
다. 많은 어려움 속에서 논의를 거친 끝에 1994년 4월 27일 국회의
원 400명을 선거에서 선출하기로 합의하였다. 그리고 국회에서 대통
령을 선출하기로 합의했다. 놀라운 결과였다. 만델라는 평화적인 업
적을 인정받아 드 클레르크와 공동으로 노벨평화상을 수상하였다.

　1994년 4월 27일 드디어 역사적인 투표가 실시되었다. 흑인들은
자신이 투표한다는 것에 기쁨을 감추지 못했다. 투표를 한다는 것은
진정한 국민이라는 것을 뜻하기 때문이었다. 투표가 끝나고 결과가
발표되었다. '아프리카민족회의'는 62.7퍼센트를 득표했다. 그래서
국회의원 252석을 차지했다. 크나큰 승리였다. 이로써 소수의 백인
이 지배하던 시대는 끝났다. 역사상 처음으로 흑인이 정권을 잡았
다. 무려 340년만이었다. 만델라가 대통령이 된 것이다. 만델라와
동료들, 흑인들은 감격에 겨웠다. 이것이 진정 민주주의로 가는 길
임을 실감하였다. 자유의 승리였다. 평화의 승리였다. 국민들은 열

럴히 환영했다. 대통령취임을 축하하는 비행기가 하늘을 수놓으며 날아갔다. 참으로 멋진 광경이었다.

만델라는 가슴이 벅차올랐다. 이게 꿈은 아니겠지, 하고 생각했다. 그가 간절히 원했던 자유와 평화, 흑인들도 인간답게 살아야 한다는 평등권을 찾았다는 것은 기적과도 같았다.

그 길을 찾아 28년 가까운 세월을 차디찬 감옥에서 보내야 했다. 온갖 고통과 인간 이하의 취급을 받았다. 그러나 한 번도 자유에 대한 꿈을 잊은 적이 없었다. 그랬기에 오늘의 자유민주주의 국가가 될 수 있었다.

대통령이 된 만델라는 자신에게 고통을 준 사람들을 용서해 주었다. 만델라는 감옥에 갇히기 전까지는 투쟁으로 맞서야 한다고 강력하게 주장했었다. 그런 그가 오랜 감옥생활을 통해 진정한 용서와 화해는 사랑과 배려라는 걸 깨달았다.

용서란 가장 아름다운 사랑이다. 만델라는 이를 깨닫는 순간 투쟁이 아닌 대화와 협상으로 자유민주주의를 이끌어 내야 한다고 결심하였다.

만델라는 자신을 감시하고 박해한 사람들을 불러 식사를 하며 따뜻하게 대해주었다. 그들은 모두 하나같이 어리둥절해 하면서도 만델라의 깊은 배려에 감동하였다. 뿐만 아니라 자신과 다른 종교를 가진 사람들, 생각이 다른 사람들까지 먼저 찾아가 손을 내밀었다. 그리고 함께 싸웠던 동지들의 미망인들과 가족들을 찾아가 위로하고 감사를 표했다.

"용기 있는 사람들은 용서하는 것을 두려워해서는 안 됩니다. 평화를
위해서는 그렇게 해야 하기 때문입니다."

 이처럼 만델라의 사랑과 관용은 끝이 없었다.

"서로가 서로를 억압하는 지난날의 고통을 이 아름다운 나라가 다시
는 겪게 하지 말아야 합니다."

이 말에서 보듯 만델라의 평화를 사랑하는 마음은 너무도 숭고하
였다.

만델라는 대통령 퇴임 후 세계의 자유와 평화를 위해 봉사하고 있
다. 또한 만델라는 국제사회에서 아프리카의 이익을 대변하고, 아프
리카 곳곳에서 벌어지는 내전을 중재해 오고 있다. 만델라는 아프리
카 국가 간에 경제협력을 위해 노력해왔다. 만델라는 2010년 남아
프카공화국에서 열린 월드컵 축구를 유치하는 데 힘썼고 성공적으
로 치러냈다.

만델라는 자신을 위해서가 아닌, 인류의 자유와 평화를 위해 아흔
이 넘은 지금도 열심히 노력하고 있다. 그는 인간에게 가장 중요한
것은 사랑과 용서라는 것을 잘 보여준 '남아프리카의 영원한 자유
의 등불'이다.

만델라는 고난을 자유와 평화를 찾는 희망의 등불로 삼은 것이다.
그랬기에 그는 인생의 절반을 억압에 짓눌려 살았지만 결코 쓰러지

지 않고 더욱 강해졌다. 그리고 마침내 인간의 위대함을 전 세계에 보여주었다.

하나님이 택한 아브라함, 야곱, 요셉, 욥 등은 고난을 이겨낸 대표적인 인물이다. 특히 욥은 고난을 극복하고 하나님의 신뢰를 굳게 쌓은 대표적인 인물이라고 할 수 있다.

하나님은 욥을 아주 만족스럽게 여겼다. 그가 진실되고 의로운 사람이었기 때문이다.

그런데 사탄(마귀)이 욥에게 고통을 주면 하나님을 저주할 거라고 말한다. 그 말을 듣고 하나님께서는 그런 일은 없을 거라고 하였다. 그러자 사탄은 자신이 시험을 하겠다고 했고 하나님께서 승낙을 하였다.

사탄은 욥의 많은 재산을 강탈당하게 하고, 자식들도 죽게 하고, 종들도 죽게 하였지만 욥은 하나님을 원망하지 않았다. 그러자 이번엔 욥의 몸에 악성 종기를 나게 해서 고통을 주었다. 욥은 하도 가려워 질그릇 조각으로 몸을 박박 문질러댔다. 그것을 보고 그의 아내가 하나님을 욕하고 죽으라고 말했다. 그러나 욥은 그러지 않았다.

욥은 사탄의 온갖 시험에도 굴복하지 않고 이겨냈다. 그러자 하나님께서 크게 기뻐하시며 욥에게 전보다 갑절이나 많은 재물을 주고, 자식들을 주고, 자자손손 번창하게 했다.

욥은 사탄의 시험을 이겨내고 영원토록 의인의 축복을 받았다.

고난은 누구에게든지 찾아온다. 그럴 때 쓰러지는 자는 일어서지 못한다. 그러나 독하게 맞서는 사람은 고난을 물리치고 자신이 원하는 삶을 살게 된다.

"네 시작은 미약하였으나 네 나중은 심히 창대하리라."

욥기 8장 7절 말씀이다. 욥이 그랬듯이 하나님을 섬기는 기독교인들은 고난을 고통으로만 여기지 말고 축복을 받는 하나님의 시험이라고 생각한다면 고난에 굴복하지 않고 이겨내게 된다. 하나님이 자신과 함께 하고 도와주신다고 믿는 마음 때문이다. 이런 강한 믿음을 갖는 한 그 어떤 고난도 물리칠 수 있다.

이에 대해 배시 영은 말했다.

"자기 자신을 이겨냈을 때보다 더 신나는 것은 없다. 내면의 오랜 적들을 물리치면서 내면의 승리를 얻기 위해 노력해야 한다."

그렇다. 고난을 고통이라고 여기기마라. 자신을 축복해 주는 삶의 선물이라고 여기며 적극적으로 대처하라. 그것이야말로 하나님을 섬기는 기독교인들이 취해야 할 바람직한 자세이다.

4 누군가에게
의미 있는 인생이 되기

_마시멜로 이야기

자신만을 위해 사는 사람과 자신과 더불어 누군가에게 의미 있는 인생을 사는 사람 중 나는 어떤 사람이 되어야 하는가, 하는 선택은 오직 자신에게 달려있다. 이는 누가 하라고 해서 할 수 있는 것도 아니고, 법률에 의한 강제 조항이 있는 것도 아니다. 오직 스스로가 결정하는 것이다.

누군가에게 의미 있는 인생으로 살아간다는 것은 쉽지 않은 문제다. 지금 우리 사회는 내 코가 석잔데 누구에게 의미 있는 인생이 된단 말인가, 라는 물음에 반감을 표하는 이들이 많다. 그만큼 사는 게 각박하다는 말이다. 그러나 그런 와중에도 누군가에게 의미 있는 인생이 되고자 애쓰는 이들이 있다. 이들은 거칠고 메마른 삶에 있어 오아시스와도 같다. 이런 사람들을 보면 마음이 맑아지고 산다는 건 행복한 일이라는 걸 느끼게 된다.

누군가에게 의미 있는 인생이 되기 위해서는 어떤 자격을 갖추어야 하는 것도 아니고, 돈이 많아야 하는 것도 아니고, 사회적인 지위가 있어야 되는 것도 아니고, 많이 배워야 하는 것도 아니고, 사회적인 경력이 많아야 하는 것도 아니고, 인물이 잘 나야 하는 것도 아니다. 자신이 가지고 있는 자신만의 재능을 통해 얼마든지 의미 있는 역할을 할 수 있고, 또한 의미 있는 인생이 될 수도 있다.

베드로전서 4장 10절에 다음과 같은 말씀이 나온다.

"각각 은사를 받은 대로 하나님의 여러 가지 은혜를 맡은 선한 청지기 같이 서로 봉사하라."

성경말씀에서 보듯 사람은 저마다 자신만의 재능이 있다. 노래를 잘하는 사람, 그림을 잘 그리는 사람, 말을 잘하는 사람, 운동을 잘하는 사람, 공부를 잘하는 사람, 글을 잘 쓰는 사람, 마음이 너그러운 사람, 음식 솜씨가 좋은 사람 등 누구나 잘하는 것이 있다. 이는 바로 하나님이 각 개개인에게 부여한 은사이다. 이처럼 소중한 재능을 자신만을 위해 사용한다면 그 또한 재능의 낭비다. 자신의 재능을 여러 사람들과 나누는 것은 그 재능을 주신 하나님께 대한 도리이다.

이처럼 자신의 재능을 누군가를 위해 쓴다면 그것은 자신에게나 타인에게나 매우 의미 있는 일이다. 그와 더불어 자신이 도움을 준 누군가가 행복하게 된다면 더욱 값지고 의미 있는 일이 될 것이다.

호아킴 데 포사다의 『마시멜로 이야기』는 누군가에게 의미 있는 인생으로 산다는 것이 얼마나 아름답고 가치 있는 일인지를 잘 알게 한다.

　반짝반짝 빛나는 멋진 리무진을 타는 조나단은 언제나 명품 정장으로 치장하는 멋쟁이다. 그는 언제나 활기가 넘치고 자신감에 차 있다. 그는 성공한 경영자로서 자신에 대한 긍지와 자부심이 넘친다. 그렇다고 해서 그는 오만 하거나 남을 무시하는 안하무인도 아니다. 그 반대다. 그는 늘 입가에 따뜻한 미소를 품고 있으며 아랫사람을 인격적으로 대하는 인격자이다. 그의 리무진 운전기사인 찰리는 현재 운전기사라는 일에 만족하며 살아가는 젊은이이다. 조나단은 그러한 찰리에게 의미 있는 이야기를 들려준다. 자신이 어린 시절 경험했던 일이다.

　조나단이 어린 시절 스탠퍼드 대학에서는 아이들의 욕망과 자제심에 대한 실험을 하였다. 그것은 아이들에게 맛있는 마시멜로를 주고 먹지 않고 15분을 참으면 마시멜로 한 개를 더 준다는 실험이었다. 그 실험에 어린 조나단이 참여한 것이다. 아이들 중엔 15분을 참지 못하고 먹어치운 아이들도 있고, 조나단처럼 15분을 참고 한 개의 마시멜로를 더 받은 아이들도 있었다. 그리고 10년이 지난 후 실험에 참가했던 아이들을 조사해보니 15분을 참았던 아이들이 참지 못했던 아이들보다 학업성적이 우수했다. 또한 친구들과의 관계도 좋고, 스트레스를 효과적으로 관리한다는 사실이 밝혀졌다. 이는 한 순간의 유혹을 참고 기다렸던 아이들이 더 성공적으로 성장한다는 놀라운 결과였다.

조나단의 말을 듣고 찰리는 그 말뜻을 이해하며 자신의 성급한 성격에 대해 생각하게 되었다. 그리고 미래에 대해 생각하지 않고 현실에만 만족하는 자신을 깨달았다. 조나단은 자신의 대학 때 이야기를 들려주었다. 찰리는 조나단의 얘기를 들으며 그의 성공 비결을 마음에 꼭꼭 다지는 동시에, 자신의 문제점이 무엇인지를 생각하고 노트에 정리하며 새롭게 발견한 삶의 지혜도 함께 적었다. 그리고 어느 날부턴가 저축을 모르던 그가 저축을 하게 되었다.

날마다 찰리는 조나단의 이야기에 더욱 빠져들었다. 조마단의 이야기는 그에게 있어 마치 마법과도 같았기 때문이다. 찰리는 자신이 무엇을 해야 하는지에 대해 진지하게 자신을 돌아보았다. 찰리는 조나단으로부터 책을 읽어야 한다는 말을 듣고 도서관에 가서 책을 읽었다. 그리고 찰리는 술도 줄이고, 좋아하던 포커도 줄이고, 돈을 절약하기 위해 회사 식당에서 밥을 먹었다. 그의 변화는 조나단을 흐뭇하게 했다. 찰리는 대학에 가기 위해 준비를 해나갔다. 그리고 자신의 계획을 조나단에게 말했다. 조나단은 찰리의 말을 듣고 자신의 일처럼 기뻐해주었다. 그리고 조나단은 찰리에게 4년간의 대학 등록금을 선물로 주었다. 찰리는 조나단의 따뜻한 배려와 사랑에 뜨거운 눈물을 흘리며 조나단을 부둥켜안았다.

이 이야기는 한 사람이 또 다른 누군가의 인생에 큰 변화를 주는 데 막강한 영향력을 끼친다는 걸 잘 알게 한다. 미래에 대한 비전 없이 먹고 마시고 포커하고 한 푼도 저축하지 않고 하루하루를 살아가던 운전기사 찰리는 억만장자인 조나단의 애정 어린 관심과 가르침을 통해 새로운 찰리로 거듭난다. 그는 자신의 새로운 꿈을 위해 대학에 입학한다. 찰리가 그처럼 변화하는 데 큰 도움이 되어준 억만장자 조나단은 진정으로 인생가치를 소중히 여기는 사람이다.

누군가에게 의미 있는 인생이 되기 위해서는 조나단과 같은 마인드를 갖춰야 한다. 어떤 대가를 바라서도 아니고, 자신의 유익을 위해서도 아니고, 자신을 과시해서도 아니고 오직 누군가의 인생에 도움이 되고자 하는 순수한 마음에서 해야 한다.

사람들 중엔 자신의 유익이 아니면 절대 남에게 도움을 주지 않는 이들이 있다. 이들의 마음속엔 철저한 이기심으로 가득 차 있기 때문이다. 이런 마인드로는 절대로 누군가를 이롭게 할 수 없다.

"스스로를 돕지 않고는 진정으로 다른 사람을 도와줄 수 없다. 이 사실이야말로 우리의 삶이 주는 가장 아름다운 대가 중 하나다."

미국의 시인이자 사상가인 랠프 왈도 에머슨의 말이다. 에머슨의 말은 자신을 돕듯 다른 사람을 도우라는 말이다. 이 말을 좀 더 부연해서 말한다면 누군가에게 의미 있는 인생이 되라는 말이다.

"타인을 위해 가장 먼저 할 수 있는 일은 그의 행복을 바라며 기도하는 일이다. 그것만으로도 모든 불행은 사라진다. 타인의 불행은 물론 자신의 불행까지도 말이다."

이는 괴테가 한 말로 타인이 잘 되기를 바라는 기도, 타인이 행복
하기를 바라는 기도 또한 누군가에게 의미 있는 인생이 되는 일이
다. 생각해보라. 자신을 위해 기도하는 것도 잊고 사는데 남을 위해
기도한다는 것은 사랑과 관심이 없이는 절대 할 수 없다. 그렇기에
타인을 위해 기도하는 것은 매우 의미 있고 가치 있는 일이다.

이런 관점에서 볼 때 기독교인들의 역할은 매우 중요하다고 하겠
다. 기독교인들의 사명은 기도하고, 예배드리고, 전도하는 것만이
전부가 아니다. 이는 기본적으로 해야 할 의무이다.

그런데 기독교인들의 사명이 이것으로 끝난다면 문제는 달라진
다. 기독교인들은 이외에도 사랑과 봉사를 실천해야 한다. 이는 기
독교인으로서 반드시 해야 할 일이다.

기독교인으로 누군가에게 의미 있는 인생이 되는 것은 사랑과 봉
사를 통한 헌신에서 비롯되는 것이다. 그런데 이를 도외시 한다면
어느 누구에게도 의미 있는 인생이 될 수 없다.

만일 자신이 누군가에게 의미 있는 인생이 되고 싶은데 어떻게 하
면 좋을지를 좀 더 알고 싶다면 호아킴 데 포사다의 『마시멜로 이
야기』를 읽어보라. 이 책은 한 사람의 지극한 관심과 배려가 만들어
내는 아름다운 결과를 잘 보여준다.

당신 역시 누군가에게 의미 있는 인생이 될 수 있다. 단, 그것은
당신이 스스로 선택해야 한다는 것과 사랑과 헌신이 함께 할 때만이
가능하다는 것을 잊지 말아야 할 것이다.

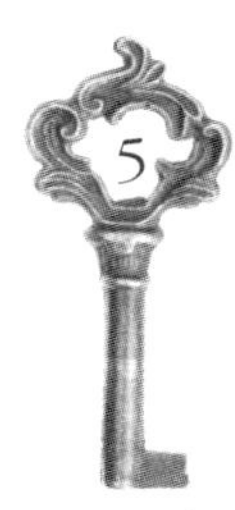

할 수 있다는 믿음은
모든 것을 가능하게 한다
_적극적인 사고방식

    강연가이자 저술가인 노만 V. 피일의 『적극적인 사고방식』은 불가능도 가능하게 하는 마력을 갖게 하는 책이라고 해도 부족함이 없다. 그만큼 긍정적인 사고방식의 의미와 방법론을 잘 보여주는 책이라고 하겠다. 그런데 무엇보다 이 책은 성경말씀을 바탕으로 했다는 데 의의가 있다. 많은 성경구절의 인용은 피일 박사의 논리를 더욱 분명하게 해줌으로써 읽은 이에게 강한 확신을 심어준다. 피일 박사가 『적극적인 사고방식』이라는 명저를 쓸 수 있었던 것은 그 역시 굳은 믿음을 가진 자로서 자신의 신앙적인 경험에 바탕을 두었기 때문이다. 특히 신앙을 바탕으로 하는 책은 저자의 경험이 가장 큰 밑거름이 되는 까닭에 읽는 이들에게 깊은 공감을 이끌어 내는 것이다.

    이 책은 자기 자신을 믿자, 기도의 힘, 행복해지는 방법. 패배를 믿지 말자, 하나님의 도움을 얻는 방법 등 총 17장으로 구성되어 있다. 성경을 기본 원리로 하여 기독교인들에겐 긍정적인 믿음을 갖는 데 매우 유익한 책이다.

사람들을 크게 둘로 나누어 보면 자신을 믿는 사람과 자신에 대한 믿음이 약한 사람이 있다. 자신을 믿는 사람들은 자신을 사랑하는 사람으로서 매사에 강한 확신을 가지고 실행한다. 그러나 자신에 대한 믿음이 약한 사람은 자신을 사랑하는데 인색한 사람으로서 매사에 확신이 없다. 그러다보니 무엇하나 제대로 해 내는 법이 없다. 하지만 이런 마인드를 가진 사람도 자신을 믿고 사랑하면 매사를 긍정적으로 생각하게 됨으로써 자신이 원하는 결과를 이뤄낼 수 있다.

"내게 능력주시는 자 안에서 내가 모든 것을 할 수 있느니라."

이는 빌립보서 4장 13절 말씀이다. 기독교인들은 이 말씀에 주목할 필요가 있다. 이 말씀의 요지는 하나님을 믿고 따르면 원하는 모든 것을 해 내게 된다는 것이다. 하나님은 전지전능하신 분으로 모든 것을 가능케 하는 까닭이다.

믿는 자는 이긴다, 라는 말에 주목하자. 믿는다는 것은 할 수 있다는 강한 확신을 말한다. 그래서 강한 확신을 가지면 믿게 되고 믿음의 결과는 승리이다.

베이실 킹은 이렇게 말했다.

"담대하라, 그러면 큰 힘이 우리를 도와주려 할 것이다."

큰 힘이란 바로 하나님을 말한다. 담대하면 하나님이 함께 하시므로 원하는 일을 해 낼 수 있다는 말이다.

미국의 시인이자 사상가인 랠프 왈도 에머슨은 다음과 같이 말했다.

"가능하다고 믿는 사람이 승리한다."

가능하다고 믿는 사람이 승리한다는 것은 강한 확신에 따른 것이다. 강한 확신은 어디서 오는 걸까. 그것은 하나님이 나를 도와주신다는 믿음에서 온다.

하나님을 믿고 의지하면 강한 에너지를 발산하게 되고 그것은 긍정의 힘으로 작용하여 불가능한 것도 가능하게 한다. 또한 어려운 일이 따라도 능히 이겨내게 하신다. 이처럼 하나님을 잘 믿는다는 것은 큰 힘을 얻는 좋은 기회이다. 성경은 이를 잘 보여준다.

"오직 여호와를 앙망하는 자는 새 힘을 얻으리니 독수리가 날개 치며 올라감 같을 것이요, 달음박질하여도 곤비치 아니하겠고 걸어가도 피곤치 아니하리로다."(이사야 40장 31절)

하나님과 좋은 관계를 유지하기 위해서는 소통이 잘 이루어져야 한다. 하나님과의 소통은 '기도'를 통해 이루어지는데 소통이 잘 되기 위해서는 '기도'로써 늘 하나님께 가까이 해야 한다. 사람들과의 관계에서도 사이가 좋은 사람들이 소통이 잘 되는 거와 같은 이치다. 기도는 하나님과의 소통의 수단인 만큼 기도의 위력은 대단하다. 병든 자가 기도를 통해 완치가 되고, 어려운 문제를 기도를 통해 해결하는 경우를 종종 목격하게 된다. 기도하는 사람의 믿음이 하나님의 마음을 움직였기에 가능한 일이다. 이처럼 '기도의 힘'은 놀라움 그 자체다.

노만 V. 피일은 기도를 통해 좋은 결과를 얻는 10가지 법칙에 대해 다음과 같이 말했다.

첫째, 매일 시간을 정해 그 시간에는 하나님만 생각하라.

둘째, 기도할 때는 소리를 내어 기도하라. 자기만의 언어로 하나님께 기도하면 하나님은 그것을 받아들이신다.

셋째, 그 날 그 날 일을 시작하기 전에 기도를 하라.

넷째, 기도할 때는 이 기도가 정말 이루어질까, 하고 의심해서는 안 된다.

다섯째, 진실한 마음을 담아 정성스럽게 기도하라.

여섯째, 기도할 때는 기도가 응답 받는 줄로 믿고 적극적으로 하라.

일곱째, 항상 하나님의 뜻을 받아들여라. 자신이 원하는 것을 찾지 말고 하나님이 주는 것을 기꺼이 받아들여라.

여덟째, 모든 것은 하나님께 맡겨라. 최선을 다 하고 자신감을 갖고 하나님께 기대하라.

아홉째, 자신이 싫어하는 자를 위해 기도하라. 미움은 기도의 힘을 막아버린다.

열 번째, 기도할 사람의 명단을 작성해서 그들을 위해 기도하라. 그렇게 하면 할수록 기도의 결과는 보답으로 나타난다.

기도의 힘은 기도에서 오는데 얼마나 기도를 하느냐에 따라 기도에 힘의 크기는 달라진다. 따라서 자신이 원하는 것을 얻고자 할 땐 그 만큼의 기도를 해야 한다. 그래서 최선을 기대하면 최선의 것을 얻게 된다.

"할 수 있거든이 무슨 말이냐 믿는 자에게는 능치 못할 일이 없느니라."

이는 마가복음 9장 23절의 말씀인데, 이 말씀은 믿는 자는 무엇이든 할 수 있다는 의미이다. 왜 그럴까. 그것은 하나님이 함께 하시기 때문이다.

그런데 믿음을 가진 이들 중엔 이를 도외시하는 경우가 많다. 어려움에 처하면 걱정을 앞세우다보니 기도하는 것을 잊고 만다. 그러다보니 현실을 막막하게 여겨 자신감을 잃고 심하면 포기하기까지 한다. 이는 하나님 입장에서 보면 어리석은 일일 뿐이다. 왜냐하면 믿는 자에겐 능치 못할 일이 없다는 걸 잊고 어리석게도 두려움에 빠져 흔들리기 때문이다. 그러면 어떻게 해야 걱정으로부터 벗어날 수 있을까. 그것은 하나님을 끝까지 의지하며 자신의 굳은 믿음을 보여주어야 한다. 그렇게 될 때 하나님은 걱정으로부터 벗어날 수 있는 지혜와 힘을 부여해 주신다.

피일 박사는 신앙적인 관점에서 걱정을 물리치는 법을 말한다. 이는 걱정을 이겨내는데 매우 효과적인 방법이라고 할 수 있다.

걱정을 물리치는 법

첫째, 걱정은 매우 위험한 마음의 습관이다. 나는 어떤 습관도 변화시킬 수 있다고 자신에게 다짐하라.

둘째, 사람들은 걱정을 함으로써 걱정의 노예가 된다. 독실한 신앙의 습관을 들여라. 그렇게 될 때 걱정으로부터 벗어날 수 있다. 모든 힘과 의지를 다해 신앙의 습관을 실천하라.

셋째, 매일 아침 잠자리에서 일어나 "나는 나를 믿는다."라는 말을 세 번씩 소리내어 외쳐라.

넷째, 오늘 하루를, 내 생명을, 내가 사랑하는 사람을, 나의 일을 신의 손에 맡겨라. 신의 손엔 악함이 없다. 신의 손엔 선함뿐이다. 어떤 일이 일어난다고 해도, 무엇이 되더라도, 내가 신의 손안에 있다면 그 무엇도 두려워 하지마라.

다섯째, 소극적으로 말하지 말고 적극적으로 말하라. 항상 적극적인 행동과 긍정적인 말만하라. 그 어떤 일도 적극적으로 행하라. "오늘 재수 없는 날이 될 것 같다."는 말 대신 "오늘은 즐거운 날이 될 것이다."라고 말하라.

여섯째, 대충대충 말하고 일하지 마라. 비판적인 말이나 행동을 하지 마라. 압박감을 주는 분위기를 조성하지 말고 희망과 행복을 느끼도록 말하고 행동하라.

일곱째, 걱정이 많은 사람 마음엔 우울함, 패배감, 부정적인 생각으로 꽉 차 있다. 이것을 마음으로부터 몰아내고 행복과 희망적이고 긍정적인 생각으로 가득 채워라.

여덟째, 희망으로 가득 찬 사람과 교류하라. 창조적이고 낙관적인 사람과 소통하라. 긍정적이고 능동적으로 행동하라. 그리고 그런 사람을 자신의 주변에 배치하라.

아홉째, 걱정으로 힘들어하는 사람을 도와줘라. 남을 도와줌으로써 그 걱정에서 해방될 수 있음을 믿어라. 남을 도와주다보면 자신의 마음에도 용기와 희망이 싹트는 것이다.

열 번째, 매일 자신이 예수그리스도의 협력자가 되어 살아간다고 생각하라. 그리고 예수께서 자신의 곁에서 함께 한다고 믿어라. 모든 것은 믿는 대로 됨을 믿어라.

할 수 있다는 믿음을 갖기 좋은 방법으로는 신앙의 실천을 들 수 있다. 머리로 믿는 믿음은 이상으로 흐를 수 있어 힘든 일을 만나면 쉽게 무너지는 경향이 있다. 하지만 신앙의 실천을 통해 길러진 믿음은 단단한 뿌리와도 같아 그 어떤 시련 속에서도 쉽사리 무너지지 않는다. 그래서 실천적인 신앙은 그 마음속에 작은 믿음이 있어도 그 어떤 일도 해 낼 수 있는 자신감으로 충만하다. 이는 성경말씀 마태복음 17장 20절에 잘 나타나 있다.

"만일 너희에게 믿음이 겨자씨 한 알 만큼만 있어도 이 산을 명하여 여기서 저기로 옮겨지라 하면 옮겨질 것이요 또 너희가 못할 것이 없느니라."

겨자씨는 씨 중에서 가장 작다. 그런데 겨자씨만한 믿음만 있다면 못할 것이 없다는 예수님의 말씀은 믿음의 소중함을 일깨우기에 부족함이 없다.

다음은 마태복음 9장 29에서 30절의 말씀이다.

"이에 예수께서 그들의 눈을 만지시며 이르시되 너희 믿음대로 되라 하시니 그들의 눈이 밝아진지라."

예수님께서 당신을 쫓아오는 두 맹인에게 일러 말씀하시며 눈을 뜨게 해주셨다. "너희 믿음대로 되라"는 말씀은 믿음의 강건함이 본인이 원하는 것을 이루게 한다는 의미이다.

이런 믿음의 강건함이 적극적인 사고를 갖게 하는 것이다. 그래서 적극적인 사고를 갖게 되면 무엇이든 할 수 있다는 믿음을 갖게 된다. 그리고 결과는 언제나 긍정적으로 나타난다.

노만 V. 피일 박사는 적극적인 사고를 기르는 7가지 방식에 대해 이렇게 말했다.

첫째, 앞으로 24시간 동안 자신에게 일어날 모든 일에 대해서, 즉 사업이나 건강, 또 장래에 대해서, 희망을 갖고 침착하게 낙관적으로 이야기해 보자. 아마 대부분의 사람들은 모든 일에 대해서 비관적으로 이야기하는 것이 습관이 되어 있어 실행하기가 어려울지도 모른다. 그러나 최선을 다해 적극적인 생각과 행동으로 소극적인 습관으로부터 빠져 나와야 한다.

둘째, 24시간 동안 희망에 차 이야기하는 연습을 했으면 이것을 다시 1주일간을 더 계속하자. 그렇게 하면 하루나 이틀은 그렇게 하는 것이 '현실적'이라고 생각하게 된다. 그리고 1주일 전에 우리가 '현실적'이라 생각했던 것이 사실은 비관적인 생각이었다는 것을 깨닫게 되고, 현재 '현실적'이라고 생각하는 것이 지금까지의 것과는 전혀 다르다는 것을 깨닫게 될 것이다. 이는 곧 적극적인 사고방식으로 변하기 시작했다는 징조다. 사람들이 자기가 현실적이라고 하는 경우, 그것은 그들 자신을 속이고 있는 것이다.

셋째, 우리는 신체를 돌보는 것과 마찬가지로 정신을 돌보지 않으면 안 된다. 정신을 건강하게 하기 위해서는 건전한 사고라는 영양분을 공급해야 한다. 오늘부터 곧 소극적인 사고방식을 적극적인 사고방식으로 바꾸어라. 그러기 위해서는 우선 신약성경부터 읽기 시작하자. 그리고 신앙에 관한 모든 문장에 줄을 긋자. 마태, 마가, 누가, 요한 등 4복음서의 신앙에 관한 모든 것에 줄이 그어질 때까지. 특히 마가복음 11장 22~24절은 적어 두자. 이들 각 절은 줄을 그어 잠재의식 가운데 깊이 새겨 두면 적극적인 사고를 하는데 도움이 될 것이다.

넷째, 줄친 대목은 외울 때까지 매일 읽어 암기하자. 그러기 위해서는 상당히 시간이 걸리겠지만 적극적인 사고를 하기 위해서는 시간이 많이 걸린다는 것을 깨달아야 한다. 목적이 부여된 모든 일에는 시간의 투자와 정신적인 노력이 있어야 한다. 특히 기존의 것을 깨고 새로운 것으로 변환하고자 할 때는 더욱더 그렇다.

다섯째, 친구들 가운데서 누가 제일 적극적인 생각을 하는가를 알기 위해 친구들의 리스트를 만들고 신중하게 그와 교제를 진행시키자. 그러나 소극적인 친구들도 버리지 말고 그 정신을 알 때까지 새로 터득한 적극적인 생각을 그들에게 심어주자.

여섯째, 논쟁을 피하자. 그러나 소극적인 사람을 만났을 때는 적극적이고 객관적인 의견으로 대하라.

일곱째, 기도를 많이 하자. 기도할 때에는 하나님이 우리에게 위대하고 훌륭한 것을 부여하리라는 생각에 입각하여 감사하는 마음으로 하자. 왜냐하면 우리가 하나님께서 그렇게 해주리라 믿으면 하나님은 반드시 그렇게 이루어 줄 것이다. 그러나 하나님은 우리가 믿는 것 이상으로, 즉 신앙에 의해 받을 수 있는 것 이상으로 위대한 것을 주지는 않는다.

"하늘은 스스로 돕는 자를 돕는다."는 말이 있듯 하나님은 모든 것을 당신에게 맡기고 굳은 믿음과 신앙의 실천으로 노력하는 자를 도와주신다. 굳은 믿음과 신념, 그리고 신앙의 실천은 적극적인 사고에서 온다. 마음이 강건하면 몸 또한 마음이 시키는 대로 따르게 된다.

자신이 원하는 것을 얻기 위해 노력할 때 길이 보이지 않을 땐 하나님께 의지하라. 겨자씨만한 믿음만 있어도 하나님은 그의 기도를 들어주신다. 단 거짓 없는 진실한 마음으로 구하라.

노만 V. 피일의 『적극적인 사고방식』은 하나님에 대한 굳은 믿음과 실천에 따른 강한 확신으로 쓴 책이다. 이 책을 성경 곁에 두고 성경과 같이 숙독한다면 인생을 살아가면서 자신이 원하는 것을 실행하는데 큰 도움이 될 것이다.

기독교인 책에서 길을 묻다 3
인간관계를 매끄럽게 하는
최고의 소통 바이블
가난해서 행복했던 어느 시인의 미소
_귀천
사랑의 숭고함을 온몸으로 보여준 성녀
_사랑의 등불 마더 테레사
기독교인이라면 한 번은 반드시 읽어야 할 책
_기독교인이 죽기 전에 반드시 읽어야 할 책 100
유대인의 살아있는 지혜의 보고
_탈무드
인간관계를 매끄럽게 하는 최고의 소통 바이블
_카네기 처세술

가난해서 행복했던
어느 시인의 미소

_귀천

　세상사람 누구나 바라는 부와 지위, 명예와 권력으로부터 자신을 해방시킨 가난을 천직으로 알았던 시인 천상병. 그는 막 걸리 한 사발에도, 그가 살던 의정부 수락산에서 인사동까지의 버스 왕복차비에도, 한 갑에 담배에도 자족할 줄 알았던 천상의 시인이다. 그래서 많은 사람들에게 아낌없는 사랑을 받았다. 우리 문단사에서 천상병처럼 우여곡절이 많았던 시인도 드물 것이다.

　그는 젊은 날 서울대 상대를 다닐 만큼 똑똑하고 예리한 눈을 가진 사람이었다. 그랬던 그가 1967년 동백림 간첩사건에 억울하게 연루되어 6개월간 심한 옥고를 치루었다. 고문 후유증으로, 심한 음주와 영양실조로 거리에 쓰러져 서울시립정신병원에 입원하였다. 이 사실을 모르고 문우 민영 시인과 성춘복 시인의 주선으로 유고시집 『새』가 발간되었다. 이로 인해 살아있는 시인의 유고시집이 발간되는 유명한 일화를 남겼다.

　천상병은 1971년 친구인 문순복의 누이인 목순옥과 결혼하여 오랜 떠돔과 외로움에 마침표를 찍었다. 천상병은 무욕無慾의 마음으로 평생을 살았던 가난해서 행복했던 사람이다. 그의 시를 보면 그가 가난을 초월한 진정한 해피니스트라는 걸 알 수 있다.

천상병은 시 〈행복〉에서 자신을 세계에서 제일 행복한 사나이라고 말한다. 그의 행복의 실체를 보면 부인이 찻집을 해서 생활의 걱정이 없고, 시인이니 명예욕도 충분하고, 막걸리를 부인이 사다줘서 불평이 없다는 소소한 것들에 대한 감사함이다. 더구나 그가 행복해 하는 것 중 하나가 하나님을 자신의 빽으로 모셨다는 굳건한 믿음이다.

천상병은 시 〈들국화〉에서 아내가 들국화로 꽃꽂이를 했는데, 은은한 향기와 고운 색깔로 인해 왜 이렇게 기분이 좋은가 하고 말한다. 들에 아무렇게나 피어있는 들국화 한 송이에도 만족할 즐 아는 그의 소박함은 탐욕에 물든 사람들에겐 납득이 가지 않을 것이다. 하지만 천상병은 그런 사람들의 생각을 여지없이 무너뜨린다.

이번엔 〈나의 가난은〉이란 시를 보자. 천상병은 자신은 가난하지만 살아가는 데는 부족하지 않다고 말한다. 그 이유는 각 문학사에서 자신을 돌봐주고 몇몇 문우들이 도와주기 때문이라고 말한다. 그래서 자신은 불편을 모르고 감사할 뿐이라고 한다. 그리고 그는 가난해도 자신은 가장 행복을 맛본다고 고백한다. 그리고 돈과 행복은 상관없다고 말한다.

천상병의 3편의 시에서 보듯 그는 보통 사람들이 생각하는 행복의 가치관과 많이 다르다는 걸 알 수 있다. 그가 느끼는 행복의 대상은 아주 작고 사소하고 보잘것없는 것들에게 서다. 이처럼 천상병은 욕망을 버림으로써 남들이 느끼지 못하는 진정한 행복을 느끼는 것이다.

필자는 천상병 시인이 작고하고 나서 인사동에서 찻집 '귀천'을 운영하는 부인 목순옥 여사를 두어 번 찾아 간 적이 있다. 귀천은 티테이블이 다섯 개 정도 밖에 안 되는 아주 작은 찻집이다. 마치 천상병 시인의 욕심 없는 모습을 보는 것 같아 마음이 숙연해졌다. 내가 귀천에 찾아간 이유는 나의 에세이『행복한 하루를 여는 지혜』에 천상병 시인의 시 〈귀천〉을 소재로 해서 한 꼭지를 써서다. 또한 천상병 시인의 체취가 담겨 있는 귀천에서 그의 청빈함을 느껴보고 싶어서이다. 필자는 사인을 해서 목순옥 여사에게 주었다. 작은 체구의 목순옥 여사는 소녀처럼 좋아했다. 필자는 그런 목순옥 여사를 보며 부부는 일심동체라는 말을 실감할 수 있었다.

사람들이 죄를 짓는 가장 큰 이유는 더 많은 것을 소유하려는 데 있다. 물질과 명예, 지위와 권세 등 남보다 더 많이 더 높게 취하려고 하다 보니 자신의 욕망에 지배를 받게 된다. 욕망의 지배를 받다 보면 자신도 모르게 죄를 짓게 된다. 욕망은 사람들을 한 순간에 파멸시키는 무서운 독과 같은 것이다. 물론 사람이 욕망으로부터 완전히 자유로울 수는 없어도 욕망을 억제하지 못해서는 안 된다. 욕망을 다스리는 능력은 보다 나은 삶을 위해 반드시 길러야 할 필수 조건이다.

욕망을 다스리는 능력을 기르기 위해서는 어떻게 해야 할까.

욕망을 다스리기 위해서는 마음이 맑고 가난해야 한다. 마음이 가난하면 산더미 같은 물질에도, 찬란하게 빛나는 다이아몬드에게도 마음을 빼앗겨 그릇된 행동을 하지 않는다. 마음이 가난하면 탐욕으로부터 자신을 지켜낼 수 있기 때문이다.

예수님은 복 있는 사람에 대해 말씀을 전할 때 마음이 가난한 사람은 복이 있다고 했다. 이 말씀은 마태복음 5장 3절에 다음과 같이 나와 있다.

"심령이 가난한 자는 복이 있나니 천국이 그들의 것임이요."

심령이 가난하다는 것은 곧 마음이 가난함을 의미한다. 그런데 놀라운 것은 마음이 가난하면 천국이 그들의 것이라는 것이다. 이는 마음이 가난하다는 것이 믿음 안에서 얼마나 중요한지를 잘 보여준다고 하겠다. 사람들이 대개 죄를 짓게 되는 가장 근본적인 이유는 물질에 있다. 물질을 탐하여 자식이 부모에게 못할 짓을 하고, 아무 죄도 없는 사람을 해하고 돈을 강탈하는 악행을 저지른다. 형제가 형제를 곤경에 빠트리고, 믿었던 친구가 친구를 배신하여 씻을 수 없는 마음의 상처를 주는 일이 비일비재 한 것이 오늘날의 사회적 현실이다.

고대 그리스 스토아학파의 철학자인 에픽테토스는 이렇게 말했다.

"불안한 마음으로 풍족하게 사느니 차라리 나는 두려움과 걱정 없이 부족한 생활을 하는 것이 오히려 행복하다."

에픽테토스의 말은 단순해 보이지만 매우 의미 있는 말이다.

여기서 불안한 마음으로 풍족하게 산다는 것은 무엇을 말하는가. 그것은 정당하지 못한 방법으로 돈을 벌거나 아니면 사기나 뇌물수수 등에 따른 나쁜 방법으로 착복한 돈으로 호사스럽게 살아가는 것을 말한다. 그런데 문제는 풍족할지는 몰라도 죄를 지은 까닭에 혹시라도 발각될까 하여 불안 속에서 살아가기 미련이다. 그러나 정당하게 번 돈은 비록 적을 지라도 떳떳하고 거칠 것이 없다. 에픽테토스는 바로 이 점을 말한 것이다.

신약성경 디모데전서 6장 10절에 다음과 같은 말씀이 있다.

"돈을 사랑함이 일만 악의 뿌리가 되나니 이것을 탐내는 자들은 미혹을 받아 믿음에서 떠나 많은 근심으로써 자기를 찔렀도다."

이 말씀을 보면 돈이 일만 악의 뿌리가 된다고 했다. 이 얼마나 무서운 말인가. 그리고 돈을 탐하여 죄를 짓게 되면 믿음에서 떠나게 되고 근심에 쌓여 불안하게 살게 된다.

이런 관점에서 볼 때 천상병은 지극히 작은 것에서도 만족할 줄 알았고, 그것을 최선의 행복으로 알며 살았던 인물이다. 그의 맑은 시심詩心은 욕심 없는 무욕의 마음에서 온 것이다. 그랬기에 그는 맑은 시심이 가득 담긴 해맑은 시를 쓸 수 있었다. 독자들이 그를 아끼고 그의 시를 사랑한 것은 그의 가식 없는, 꾸밀 줄 모르고 있는 그대로를 드러내 보이는 청빈한 삶에서 자신들의 때가 긴 마음을 정화시킬 수 있었기 때문이다.

진정한 행복주의자는 큰일에서 행복을 느끼는 것이 아니라, 작은 일에서 행복을 발견하는 사람이다. 그래서 행복주의자는 더 많은 행복을 누리며 산다. 그러나 크고 좋은 것에서 행복을 찾으려고 하는 사람은 참다운 행복을 느낄 수 없다. 세상에는 크고 좋은 일보다는 작고 보편적인 일이 주류를 이루고 있고, 그 속에서 살아가는 것이 보통사람들의 삶이기 때문이다.

자신이 행복하기를 원하거든 작은 일에서 기쁨을 발견하는 마음의 눈을 길러야 한다. 작은 일에서 즐거움을 얻는 일에 익숙해질수록 행복의 지수는 높아지는 것이다.

허황된 마음으로는 절대로 참 행복을 느낄 수 없다.

하나님을 섬기는 기독교인들은 특히 이 점에 유의해야 한다. 그렇지 않으면 언제 어디서나 하나님의 자녀라는 사실을 잊고 자신에게나 타인에게 함부로 여김으로써 불행한 삶을 자초할 수 있다. 한 번뿐인 삶을 불행으로 끝낼 수는 없질 않은가.

"가진 것이 없다는 것은 신에 접근 하는 것이다. 사람이 가난하면 감격하기 쉽다. 그것은 그 마음이 비고 겸허하기 때문이다. 가진 것이 없고 늘 부족하게 지낸다는 그 자체가 가난한 사람으로 하여금 겸허하게 하고 감격케 하는 것이다."

페스탈로치가 한 말이다.
가난함의 미학美學이라면 조금 어폐가 있을지라도 이 말은 분명 가난함의 미학이라고 할만하다. 자신이 정녕 진정한 행복을 바란다면 페스탈로치의 이 말을 마음에 깊이 새겨 실천하라.

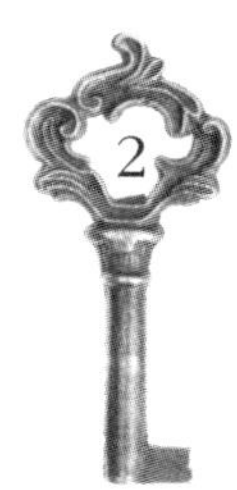

사랑의 숭고함을
온 몸으로 보여준 성녀

_사랑의 등불 마더 테레사

키 150센티미터의 단신으로 평생을 가난한 자들을 위해 헌신하고 사랑을 바쳤던, 성녀로 추앙받은 마더 테레사 수녀. 그녀는 조국 옛 유고슬라비아를 떠나 아일랜드에 있는 로레트 수녀원에서 수련생활을 하며 수녀로서의 수업을 쌓았다. 그리고 1928년 낯설고 물설은 인도로 왔다. 테레사 수녀는 1929부터 1948년까지 캘커타의 성 마리아 고등학교에서 지리를 가르쳤다.

그 후 1950년 '사랑의 선교회'를 창설하여 가난하고 소외받고 병든 자들을 위해 헌신하였다. 그녀는 전 세계에 수백 개가 넘는 사랑의 집을 세웠다. 마더 테레사의 헌신적인 사랑과 봉사는 세계적으로 널리 알려졌고, '살아있는 성녀'라는 칭호를 들을 정도였다. 스웨덴 한림원은 이런 마더 테레사의 공을 높이 사 1979년 노벨평화상을 수여하였다.

마더 테레사가 펼쳤던 사랑은 '헌신' 바로 그 자체였다. 그 어떤 대가나 물질이 따르지 않는 오직 자신의 모든 것을 다 바쳐 희생정신으로 일관해야만 하는 그런 사랑의 봉사였다.

『사랑의 등불 마더 테레사』는 테레사가 살아오는 동안 그녀가 행했던 일과 그녀의 일화, 그리고 그녀의 신앙관과 사상이 고스란히 녹아있다. 이 책을 쓴 루신다 바디는 테레사를 직접 만나 인터뷰를 함으로써 좀 더 그녀에 대한 객관적인 시각을 넓힐 수 있었다.

예수님은 '사랑' 의 실천을 제자들에게 강조했다. 사랑이 없으면 천사의 말을 한다고 해도 아무런 가치와 의미가 없다. 그것은 울리는 꽹과리일 뿐 아무 것도 아닌 것이다.

예수님이 가버나움으로 들어갈 때 한 백부장이 자신의 하인이 중풍을 앓는데 고쳐달라고 간청했다. 그러자 예수님은 대뜸 내가 고쳐주리라, 라고 하셨다. 그리고 말하기를 이스라엘 중 아무에게도 이 같은 믿음을 보지 못했다고 말하며 백부장에게 이르시되 가라 네 믿음대로 될지어다, 하고 말했다. 그 즉시 하인의 병이 나았다. 이는 마태복음 8장 5절에서 13절에 있는 말씀이다.

여기서 우리는 중요한 사실을 알아둘 필요가 있다. 예수님은 어째서 처음 본 이방인인 백부장의 하인의 병을 고쳐주었을까 하는 것이다. 그것은 자신의 하인을 지극히 아끼는 백부장의 '사랑' 을 높이 평가했기 때문이다. 백부장이란 100명의 부하를 거느린 로마군의 지휘관이다. 그런 그가 하찮은 하인의 병을 고치기 위해 예수님께 찾아와 간청을 했다는 것은 그가 사람들을 소중히 하는 겸허한 성품의 소유자라는 걸 예수님이 아신 것이다. 예수님이 그를 높이 치하하고 하인의 병을 고쳐준 것은 지극히 당연한 일이다.

예수님은 어디를 가던 사람들에게 서로 사랑하기를 강조했다. 예수님은 바리새인과 서기관이 엄격히 지키는 율법에 벗어난 일을 곧잘 행하셨다. 안식일 날 손 마른 자를 고치고(마태복음 12장 9절~13절) 안식일 날 제자들이 배가 고파 밀 이삭을 잘라 먹어도(마태복음 12장 1절 ~8절) 아무런 말도 하지 않았다.

이를 본 바리새인들은 예수님에게 거세게 항의를 했다. 안식일을 지키지 않는다는 이유에서다. 그렇지 않아도 예수님을 죽이려고 호시탐탐 노리는 바리새인들이었는데 예수님은 그것을 알고도 철저하게 무시해버렸다. 예수님의 당당한 행동 앞에 바리새인들은 기가 꺾여버렸다.

사랑의 실천보다도 율법을 중시하는 바리새인들의 믿음은 온전한 것이라고 말할 수 없다. 형식에만 얽매여 정작 중요한 것을 놓쳐버린 바리새인들의 믿음은 불완전한 믿음이다. 예수님이 율법을 폐하러 온 것이 아니라 완성시키려고 왔다고 말한 것은 바로 ‘사랑의 실천’을 말한 것이다.

예수님이 율법으로 중히 여기는 안식일에 행하지 말아야 할 일을 행한 까닭은 바로 사랑의 실천이었다. 사랑은 율법보다 우위에 있고, 사랑이 없다면 율법은 아무것도 아닌 형식적인 것에 불과할 뿐이다.

예수님은 사랑을 실천하기 위해서라면 율법에서 금하는 것도 과감하게 실행하였다. 예수님은 곧 사랑이며 구원이다.

믿음 안에서의 사랑은 절대적이다. 사랑이 없다면 믿음 자체만으로는 의미가 없다. 형식이나 제도만으로는 그 어떤 진실성도 추구할 수 없다. 그것을 실행할 수 있는 것은 오직 사랑의 실천뿐이다.

"사랑을 베푼다는 것은 이 세상을 꽃밭으로 만드는 위대한 열쇠이다."

R. 스티븐슨이 한 말이다.

언젠가 에버랜드에 간 적이 있다. 때는 온갖 꽃들이 만발하는 오월이었다. 공원은 장미, 튤립 등 온갖 꽃들이 내뿜는 향기로 가득했다. 눈도, 코도, 마음도 덩달아 즐거워지며 필자가 마치 꽃의 나라 임금처럼 여겨졌다.

어디 그런 기분이 필자만의 것이었을까. 그곳에 온 사람들은 누구나 필자와 같은 생각을 하는 것 같았다. 그들 역시 필자와 같은 모습이었으니까.

넘치도록 아름다운 그날의 풍경은 지금도 필자 마음 한 구석에 그윽한 향기로 살아 있다.

R. 스티븐슨의 말처럼 사랑만이 만들 수 있는 사랑의 꽃밭, 그 사랑의 꽃밭을 만들 수 있는 것은 오직 사랑의 실천뿐이다. 모든 사람들이 행복할 수 있다면 그것은 누구나의 인생에 최고의 선물이 될 것이다.

마더 테레사는 사랑의 실천을 철저하게 따랐다. 즉, 예수님이 행했던 것처럼 그녀도 그리하였다. 마더 테레사는 베네수엘라, 르마, 탄자니아, 미국 등에 사랑의 집을 지었고, 마약중독자와 매춘 여성들을 위한 사랑의 집을 세계 곳곳에 지었다. 또한 입양을 통하여 낙태 반대 운동을 벌이고, 고아원과 가난한 어린이들을 위해 학교를 세웠다. 그리고 환자들의 치료를 위해 곳곳에 병원을 세웠다.

이 모든 것은 오직 '사랑'을 실천하기 위해서였다.

사랑의 실천이 없다면 아무리 화려한 수식어로 치장을 하고, 그럴듯하게 업적을 포장한다고 해서 그 빛이 빛나는 것은 아니다. 그것은 자신을 나타내기 위한 하나의 포퍼먼스에 불과한 것이니까.

마더 테레사는 말했다.

"예수님께서는 우리의 삶, 고독, 고뇌, 죽음과 함께 나눔으로써 우리를 도와주려고 하셨습니다. 그 분은 우리와 함께 함으로써 우리를 구원하셨습니다. 우리도 예수님처럼 해야 합니다. 물질적인 가난뿐 아니라 영적인 가난 등 가난한 사람들의 고통은 모두 구원받아야 하고 우리는 그것을 함께 나누어야 합니다. 왜냐하면 그들과 함께할 때, 즉 그들 삶에 하나님을 모셔다 드리고 그들을 하나님께 데려다 줄 대 비로소 그들을 구원할 수 있기 때문입니다."

마더 테레사는 자신의 말처럼 언행일치의 삶을 살았다. 그랬기에 그녀의 삶은 많은 사람들에게 감동의 물결을 일으켰고, 존경을 한 몸에 받을 수 있었다.

　언제부턴가 우리사회에는 매머드 교회가 우후죽순처럼 늘기 시작했다. 늘어나는 교인들을 위해서라고 하지만, 그 이면에는 타 교회와의 경쟁에 치우쳐 자신을 과시하려는 일부 그릇된 목회자들에 의해서다. 무리하게 건축을 하다 보니 당연히 돈이 필요했고 교인들에게 갖은 축복의 명분을 내세워 헌금을 강요하였다. 이로 인해 많은 교인들이 믿음으로부터 멀어져갔다. 무리하게 대출을 받아 세운 교회의 빚을 감당하지 못하자 교회를 팔기 위해 부동산에 내놓은 그릇된 목회자들도 있다. 마치 교회가 사유재산이라도 되는 것처럼 말이다.

　교회는 예수님의 몸과 같다. 그런데 감히 예수님의 몸인 교회를 거래하다니 이는 있을 수 없는 일이다. 모든 것이 다 진리에서 벗어나 욕심이 만든 것이다.

　그 뿐만이 아니다. 교회 돈을 마치 자신의 돈처럼 마구 유용하는 개념 없는 목회자들이 있다. 그들의 어처구니없는 행동이 뉴스와 신문에 오르내리고 하나님의 이름을 더럽힌다. 그래놓고도 온갖 변명으로 일관하며 자신은 억울하다며 하소연을 한다. 그리고 자신이 시험에 들었다고 말한다. 변명치고는 매우 졸렬하고 뻔뻔스럽다. 사람들을 속이고 우롱할 수는 있어도 하나님의 눈을 피할 수는 없다.

　그러나 다행히도 이런 목회자나 교회 속에서도 하나님의 뜻에 가깝게 살아가기 위해 노력하는 목회자와 교회들도 있다. 이들은 교회를 단순히 건물로 보지 않는다. 예배를 드릴 땐 교회로 삼고, 그 외에는 상황에 따라 영화관이 되기고 하고, 도서관이 되기도 하고, 음악회의 무대가 되기도 하고, 사람들의 마음을 나누는 장소가 되기도

한다. 또 어떤 교회는 노숙자들이나 쉴 곳이 없는 사람들을 위해 집으로 꾸며 빌려주기도 한다.

이처럼 사람들과 마음을 공유하려는 노력은 '사랑의 실천'으로 나타나고 많은 사람들이 고개를 끄덕이게 만든다. 자신이 하나님께 인정받는 기독교인으로 살아가고 싶다면 '사랑을 실천'하는 일에 열정을 바쳐야 한다.

『사랑의 등불 마더 테레사』는 믿는 자들이 어떻게 살아야하는 지를 잘 보여주는 믿음의 가이드북과 같다. 자신의 믿음이 부족하다고 여기는 사람들과 좀 더 의미 있는 믿음 생활을 원하는 사람들이나 믿음의 진정한 가치가 무엇인지 잘 모르는 사람들은 이 책을 꼭 읽어보길 바란다. 책을 다 읽고 났을 땐 자신이 바라는 믿음을 쫓아 살아가게 될 것이다.

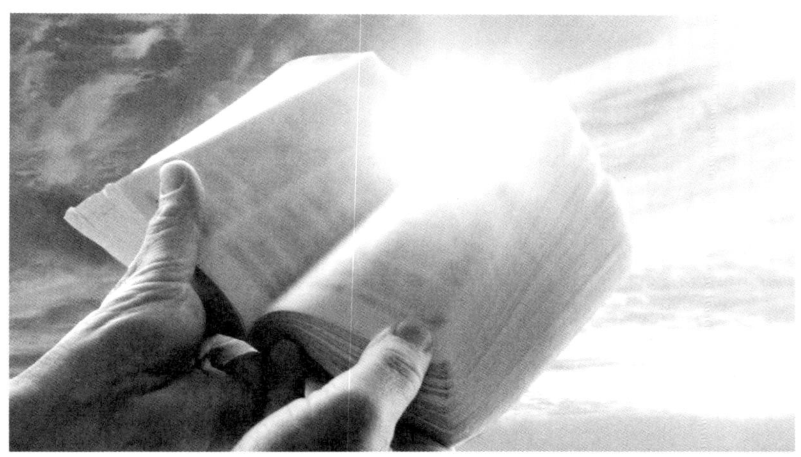

기독교인이라면
한 번은 반드시 읽어야 할 책

_기독교인이 죽기 전에 반드시 읽어야 할 책 100

우리나라 사람들 특히 성인들은 책을 안 읽는 편이다. 일 년 평균 독서량이 고작 10권 정도다. 이는 한 달 평균 1권도 안 되는 양이다. 더욱 놀라운 것은 일 년에 단 1권도 안 보는 이가 열 명 중 세 명이라고 한다. 책은 단순히 책이 아니다. 책은 지식의 근원이며 지혜의 보고이다. 그런데 이런 책을 안 읽는다는 것은 스스로를 퇴보시키는 격이다.

특히 기독교인들은 책읽기에 더욱 힘써야 한다. 성경이 하늘의 양식이라면 책은 지상의 양식이다. 하늘의 양식은 매일 먹는 밥과 같이 매일 마음에 새겨야 한다. 그래야 영혼이 맑고 깨끗하게 보존된다. 그렇다면 지상의 양식인 책은 어떤가. 지상의 양식 또한 매일 마시는 물과 같아 마음에 다져야 한다. 이렇게 소중한 책읽기를 소홀히 하는 것은 자신의 인생을 홀대하는 거와 다름없다.

기독교인들이 한 번은 꼭 읽었으면 하는 책을 소개한다. 이 책은 송광택 목사가 쓴『기독교인이 죽기 전에 반드시 읽어야 할 책 100』

이다. 이 책엔 표제에서 알 수 있듯 기독교인이 읽으면 좋을 100가지 책에 대해 설명하고 있다. 매 꼭지마다 그 책에 대해 요점을 간략히 소개하고 있어, 어떤 성격의 책인지를 아는 데 도움을 준다. 말하자면 친절한 가이드북이라고 할 만하다.

그러면 이 책에 있는 대표적인 책 몇 가지를 소개함으로써 독자들의 이해를 돕고자 한다.

첫째는 빌 하이벨스가 쓴 『너무 바빠서 기도합니다』를 보자. 이 책은 제목이 반어적인 의미를 갖고 있다. 바쁘면 기도를 하고 싶어도 못하는데 이 책은 바빠서 기도를 한다고 말한다. 이는 기도는 매일 꾸준히 해야 한다는 것을 의미한다. 그리고 아주 구체적으로 해야 한다고 강조한다. 저자는 자신의 기도를 메모한다고 한다. 메모가 주는 매력은 한 눈에 볼 수 있고, 오래 간직할 수 있다는 점이다. 구체적인 기도 또한 마음속에 내재해 있어 자신의 소망을 이루는 데 큰 도움이 된다. 하지만 뭉뚱그려 하는 기도는 바람직하지 못하다. 저자는 기도에 대해 알기 위해 기도에 관한 책을 20권정도 읽고 20년 동안 꾸준히 기도를 했다고 한다. 그 결과 기도를 통해 긍정적인 변화를 경험할 수 있었고, 그것은 참 기쁨이었다. 나아가 하나님을 더 잘 알게 되었다고 한다. 기도는 영혼의 양식이다. 날마다 밥을 먹듯 날마다 영혼의 양식을 먹어야 몸과 마음이 주님 안에서 거듭날 수 있다.

두 번째로는 드와이트 에드워드의 『내면의 혁명』이란 책이다. 이 책은 오늘날 교회가 본질을 잃고 본분을 다하지 못함으로써 사람들에게 외면을 받고 있는 것에 대한 반성과 성찰을 담은 책이다. 저자는 교회가 거듭나기 위해서는 '옳게 행하기', '잘못된 것 고치기', '놓친 것 붙잡기'라는 크게 세 가지 관점에서 말한다. 옳게 행하기는 도덕적으로 결함이 없어야 함을 말한다. 잘못된 것 고치기는 과거에 받은 상처를 극복하고 담대하게 나갈 때 새로운 변화를 꾀할 수 있음을 말한다. 놓친 것 붙잡기는 하나님과의 기적적인 체험을 계속 추구하는 것을 말한다. 이러한 체험은 매우 경험적인 것이어서 느슨해진 믿음을 끌어 올리는 데 매우 효과적이다.

세 번째로는 헬렌 켈러의 『사흘만 볼 수 있다면』이다. 이 책은 보지 못하고, 듣지 못하고, 말하지 못하는 최악의 조건에서도 믿음을 굳건히 함으로써 수많은 사람들에게 꿈과 희망을 준 헬렌 켈러의 적극적인 삶의 방식을 소개하는 감동적인 책이다. 헬렌 켈러는 3일만 볼 수 있다면 첫날은 자신을 인내와 사랑으로 가르쳐 준 설리번 선생의 얼굴을 보고, 아름다운 꽃과 풀, 빛나는 노을을 보겠다고 말한다. 그리고 둘째 날은 새벽에 일어나 먼동이 트는 모습과 저녁에는 빛나는 하늘의 별을 보고 싶다고 말한다. 셋째 날은 아침에 일어나 활기차게 출근하는 사람을 보고, 점심에는 아름다운 영화를 보고 집으로 돌아와 사흘간 눈을 뜨게 해준 하나님께 감사의 기도를 드리겠다고 말한다. 이 얼마나 가슴 뭉클한 감동인가. 사람들 중엔 보고,

들고, 말하고 좋은 집에서 맛있는 음식을 먹으며 부족함 없이 살면서도 늘 자신을 불행하다고 여기는 이들이 있다. 이 책은 자신의 삶에 감사할 줄 모르는 사람들에게 감사함의 의미가 어떤 것인지를 깨닫게 해준다.

네 번째로는 잭 D. 핫지의 『습관의 힘』이다. 이 책은 습관이 인간의 삶에 미치는 영향에 대해 말한다. 좋은 습관은 사람을 성공적으로 만들고 나쁜 습관은 사람을 잘못되게 한다. 그런데 그걸 알면서도 나쁜 습관을 고치지 않으려고 한다. 그 이유는 무의식에 사로 잡혀 습관을 고치는 게 어렵기 때문이다. 이 책은 토머스 에디슨이 전구를 발명할 때 만 번의 실패 끝에 성공한 것에서 또 전설적인 농구 선수 래리 버드가 미국 NBA 역사상 최고의 자유투 선수가 될 수 있었던 것은 학창시절 아침에 500개의 자유투 연습을 했기 때문에 그것이 습관적으로 손에 익어서라고 말한다. 습관은 그림자와 같아서 그 사람의 삶을 그대로 표출해 낸다.

기도에 습관이 들면 늘 일정한 시간에 기도를 하게 된다. 성경을 일정한 시간에 읽으면 늘 습관적으로 읽게 된다. 이처럼 바른 믿음을 기르기 위해서는 반드시 좋은 습관을 길러야 한다.

다섯 번째로는 헬렌 니어링의 『헬렌 니어링의 소박한 밥상』을 보자. 이 책은 검소하고 소박한 음식이 몸에 미치는 영향에 대해 설명한다. 이것저것 많이 섭취하는 것은 도리어 건강을 해치고, 지나친 양념 또한 좋지 않다고 말한다. 과식을 하거나 인공조미료의 과다한 섭취 또한 피하라고 말한다. 자연이 주는 그대로 소박하게 차린 밥상으로 밥을 먹고, 그리고 자연을 함부로 훼손하지 않을 것을 주장한다. 우리가 살아가는 데 필요한 모든 것이 다 자연에 있기 때문이다.

현대인들이 비만에 시달리고 있다. 살을 빼기 위해 지방흡입수술을 하고, 헬스클럽의 비만 클리닉엔 살을 빼기 위한 사람들로 북적인다. 비만으로 인해 사망하는 사람들이 날로 늘고 있다. 이와 더불어 당뇨병 환자 또한 그 수가 해마다 늘고 있다. 너무 잘 먹어서 병이 된 비만, 이 비만을 극복할 수 있는 방법은 몇 가지 반찬과 밥 등의 아주 소박한 밥상이다.

무엇보다 기독교인들은 매사에 절제를 중시해야 하는 까닭에 지나친 과식을 삼가고, 소박한 음식을 먹으며 믿음 안에서 예수님이 그랬듯이 검소하게 생활을 해야 한다. 검소와 절제는 기독교인이 반드시 갖춰야 할 마인드이다.

여섯 번째는 맥스 루케이도의 『맥스 루케이도 감사』이다. 이 책은 감사의 의미와 감사하게 사는 것이 인생의 행복임을 말한다. 그런데 문제는 감사를 어떻게 해야 하는가 이다. 저자는 이에 대해 감사하는 삶에도 연습이 필요하다고 말한다. 아주 정확한 지적이다. 사실 많은 사람들은 감사하게 여겨야 할 일에도 감사할 줄 모른다. 좋은 결과를 얻었을 때 자신이 잘해서 얻은 것으로 생각하기 때문이다. 이는 하나님 보시기에 교만이다. 교만한 사람은 자신이 왜 교만한

지를 잘 모른다. 겸손과 감사함을 모르기 때문인데, 이를 그대로 방치한다면 지금 보다 더 나은 삶을 살 수 없다.

　감사는 자신의 인생에 대한 예의이다. 그런데 그처럼 소중한 예의도 지키지 않고 어떻게 자신이 잘 되기만을 바랄 수 있는가. 기독교인들은 이점에 각별히 유념해야 한다. 감사를 많이 할수록 감사한 일이 많이 생기는 법이다. 이를 '감사의 법칙'이라고 말한다.

　『맥스 루케이도 감사』는 이런 관점에서 눈여겨 읽어보면 좋을 듯하다.

　일곱 번째로는 장경철의 『책읽기의 즐거움』이다. 책읽기의 즐거움을 아는 사람들은 한시도 손에서 책을 떼지 않는다. 늘 손어는 혹은 가방에는 책이 있다. 그런데 책을 읽지 않는 사람들이 더 많은 게 우리의 현실이다. 책은 단순히 책으로 보기 때문인데, 책은 자신의 인생을 활기차게 해주고 아직까지 경험하지 못했던 것을 경험하게 함으로써 새로운 삶으로 변화하게 한다. 책은 정보의 바다며, 지혜의 보고이며, 지식의 근본이다.

　이 책의 저자는 책은 사상을 유통하는 매체라고 말한다. 옳은 말이다. 책을 읽고 나면 그 책을 쓴 사람의 사상과 철학을 공우할 수 있고, 자신이 미처 몰랐던 것을 알게 됨으로써 새로운 자신의 지식으로 삼게 된다. 또한 책은 역사를 품고 있다. 책을 통해 그 시대마다의 역사를 배울 수 있고, 지금의 시대를 그 시대의 관점에서 재해석을 하게 된다. 그럼으로써 현실을 보다 더 객관적으로 이해하게 되고 자신의 인생을 보다 더 나은 쪽으로 이끌어가게 된다.

기독교인들은 책을 많이 읽어야 한다. 많이 알아야 믿음을 보다 깊이 있게 받아들이고 이해함으로써 다양한 계층의 사람들에게 하나님의 말씀을 전할 수 있다. 또한 상식의 깊이를 통해 자신의 삶을 유용하게 할 수 있다.

『책읽기의 즐거움』은 책을 잘 안 읽는 사람에게는 책을 읽어야 하는 동기부여가 되기에 충분하다고 하겠다. 또한 책읽기를 즐기는 사람에게는 자긍심을 갖게 함으로써 보다 더 폭넓고 깊이 있는 책읽기의 즐거움에 빠지게 할 것이다.

이 책엔 이 밖에도 공부의 필요성과 어떻게 하면 보다 즐겁게 배움을 가질 수 있을지에 대해 가르침을 주는 김열규의 『공부의 즐거움』과 한평생을 감사와 믿음으로 일관하며 믿는 자들이나 믿지 않는 자들에게 존경을 받았던 한경직 목사가 쓴 『나의 감사』와 믿음 안에서 오직 하나님의 가르침을 지키기 위해 죽음도 불사했던 그리하여 순교자가 된 손양원 목사의 삶을 그린 안용준의 『사랑의 원자탄』 등 모두 100권의 책이 소개되어 있다.

기독교인은 필히 이 책 읽기를 권한다. 이 책은 당신의 믿음을 한층 끌어올림으로써 더 탄탄한 믿음의 반석이 되게 할 것이다. 책을 읽어라. 책은 당신의 미래를 밝게 인도하는 인생의 등불이다.

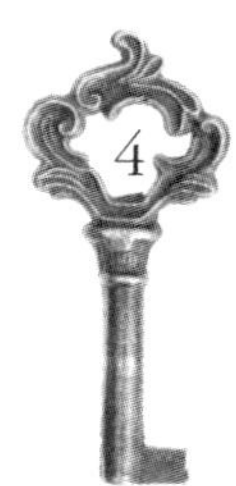

4 유대인의 살아있는 지혜의 보고

_탈무드

탈무드는 헤브라이어로 '깊이 배운다' 라는 뜻이다. 유대인은 무엇을 배워도 깊이 배운다. 수박 겉핥기식은 절대 용납하지 않는다. 배움의 진정한 가치이자 목적은 하나를 배워도 깊이 그리고 충만히 배우는 것이다.

『탈무드』는 5천년의 역사와 전통을 자랑하는 총 20권에 1만 2천 페이지, 2백 50만 단어로 이루어진 유대민족의 살아있는 지혜가 체계적으로 정리된 방대한 분량의 책이다.

『탈무드』는 탈무드의 마음, 탈무드의 귀, 탈무드의 눈, 탈무드의 머리, 탈무드의 손, 탈무드의 발 등 모두 6개 장으로 나뉘어져 있다. 그리고 각 장 별로 거기에 맞는 다양한 이야기가 서술되어 있다.

『탈무드』에는 인간이 살아가는데 있어 필요로 하는 예술, 법, 도덕, 상술, 처세술, 자아계발, 가정, 부부, 자녀, 성, 교육 등 각 분야의 상식과 지혜가 아침햇살처럼 반짝이고 있다. 그리고 놀라운 것은 『탈무드』가 가르치는 지혜는 현재에도 그대로 적용되고 있다는 것과 미래에도 적용된다는 사실이다.

『탈무드』는 과거완료형이 아니라 언제나 현재진행형이라는 것이다. 그것을 단적으로 말해주는 것은 『탈무드』는 각 나라마다 번역 출간되어 널리 읽히고 있다는 점이다. 우리나라에도 무려 수십 종이 넘는 『탈무드』가 있고, 지금도 계속해서 출판되고 있는 지혜의 보고寶庫이다.

『탈무드』가 가장 중요하게 제시하는 덕목은 배움이다. 『탈무드』에 보면 "만나는 사람 모두에게서 무엇인가를 배울 수 있는 사람이 세상에서 가장 현명한 사람이다."란 말과 "모르는 것을 묻지 않는 것은 쓸데없는 오만 일뿐 그것은 아무것도 아니다."라는 말이 있다.

유대인에게 있어 배움은 하나의 생활이다. 그들은 평생을 배우며 산다. 배움엔 일정한 기간이 없다는 것이 그들의 생각이다. 이런 점이 우리와 다르다. 우리는 대학을 나오면 그것으로 공부는 끝이라고 생각한다. 그러나 진정한 공부는 대학을 마치고 나서부터이다. 학교에서 배운 공부를 실제에 적용시키기 위해서는 더 많이 책을 읽고 공부해야 한다. 그래야 풍부한 상식을 갖게 되고 그로인해 인정받고 자아를 실현함으로써 스스로에게 만족할 수 있는 것이다.

배움은 나와 너 그리고 자신이 속한 직장과 사회 모두에게 필요한 것이고, 그것이야 말로 배움의 목적이고 가치인 것이다.

유대인 가정에서는 어린아이가 태어나면 어머니 무릎학교에서 그들의 민족서인 『탈무드』를 통해 민족정신과 지혜를 교육받는다. 또한 그들의 민족종교인 유대교를 통해 경건한 삶을 전수받는다. 유대인 어머니는 일방적으로 아이에게 이야기를 들려주는 것이 아니라, 아이에게 끊임없이 질문을 유도하고 질문에 답하는 것을 즐겨한다. 이 두 가지 공부법이 큰 골격을 이루며 유대인을 세계에서 가장 우수한 민족이 되게 했던 것이다.

유대인의 교육은 민족정신을 심는 교육이다. 민족의 역사와 철학을 가르치고, 빛나는 문화유산을 보존하고 계승 발전시키는 교육이야 말로 살아있는 교육이며 참교육의 실체인 것이다. 이러한 민족정신과 철학 교육을 받고 자란 유대인들의 민족정신은 세계 그 어느 나라도 따라오지 못할 만큼 가히 독보적이라고 하겠다. 그들의 민족정신은 온 민족을 하나로 묶어 공동 집단을 이루게 한다. 그들의 우수성은 개개인에게도 있지만 국민 모두가 함께 똘똘 뭉치는 강한 공동체에 있다고 하겠다.

세계 최고의 민족이라고 불리는 유대인들은 정치, 금융, 경제, 예술, 문학, 언론, 과학, 학술 등 모든 분야에서 두각을 나타내며 민족의 우수성을 인정받고 있다. 특히 금융과 경제부분에서 빼어난 능력을 과시하며 뉴욕 맨해튼 월가를 움켜쥐고 있다. 뉴욕 금융가를 쥐락펴락한다는 것은 결국 세계금융계를 쥐고 있다는 것이다.

유대인들은 전 세계적으로 흩어져 살고 있는데 본토인 이스라엘과 모두 합친 인구가, 우리나라 삼분의 일 수준인 1,600만 경에 불과하다. 그런데 이처럼 적은 인구로 어떻게 전 세계의 모든 분야에서, 그토록 뛰어난 능력을 발휘할 수 있을까?

유대인들은 어떤 틀에 갇혀 있는 것을 매우 싫어한다. 틀에 갇혀 있다는 것은 고정관념에 빠져있다는 것이고, 현실에 안주한다고 생각하기 때문이다. 그래서 그들은 언제나 새로운 것을 좋아하고 생각이 한군데로 고정되는 것을 극도로 싫어한다. 그러다보니 그들은 주입식 공부보다는 토론식 수업을 좋아하고, 어떤 논제에 대해 자신의 의견을 다양하게 표출하는 것을 즐긴다. 다양한 의견이 좋은 것은 그 의견이 모아져 새로운 생각을 만들어 내고, 그 생각으로 지금과는 다른 새로운 것을 시도할 수 있기 때문이다.

유대인을 '탈무드형 인간'이라고 하는데, 그 이유는 유대인들은 누구나 『탈무드』를 근본으로 하여 살아가는데 필요한 모든 것을 배우는 창의적인 인간이라는 의미에서다. 그렇다면 탈무드형 인간이 되기 위해서는 어떻게 해야 할까.

첫째, 어떤 환경 속에서도 적응하고 필요로 하는 공기인간이 되어야 한다. 공기인간이 되기 위해서는 인내심을 기르고 조화로운 성품을 갖춰야 한다.

둘째, 배우고 익히는 데 힘써야 한다. 배움은 곧 실력이다. 실력을 쌓아야 탈무드형 인간이 될 수 있다.

셋째, 창조적이며 이상적이고, 진보적인 세계관을 가져야 한다. 그래야 미래지향적인 삶을 창조하며 자아를 실현할 수 있다.

넷째, 시련과 어려움 속에서도 유머를 즐겨라. 낙천적인 인생관은 어려움을 딛고 일어설 수 있는 힘을 준다.

다섯째, 합리적인 인간관을 가져야 한다. 합리적인 인간관은 타인과의 관계를 부드럽게 해주고, 갈등을 극복하게 함으로써 성공적인 인간관계를 지속시킨다.

이상 다섯 가지 마인드를 가슴에 품고 키워나가야 탈무드형 인간이 될 수 있다. 유대인들의 놀라운 성공비결은 여러 분야에서 깊이 배우고, 다양한 인간관을 가진 '탈무드형 인간', 즉 창조적 멀티형 인간이기 때문이다. 잘 알려진 대표적인 탈무드형 인간으로는 우주의 특수상대성이론을 발견하여 20세기 최고의 물리학자로 추앙받는 앨버트 아인슈타인, 정신분석학의 창시자인 프로이트, 미국 외교의 달인 헨리 키신저, 만유인력의 법칙을 발견한 뉴턴, 공산즈의 창시자 마르크스, 음악가인 멘델스존, 루빈시타인, 레너드 번스타인, 쿠바 혁명가 체 게바라, 투자의 귀재 조지 소로스, 세계 영화계의 거장 스티븐 스필버그 등을 꼽을 수 있다.

전 세계인구 대비 0.2퍼센트에 불과한 1,600만 유대인들이 받은 노벨상을 보더라도 그들의 우수성이 잘 나타난다. 그들이 받은 노벨상은 전 분야에서 약 30퍼센트 가까이에 이른다. 경이롭고 놀라운 일이 아닐 수 없다.

유대인들이 이처럼 모든 분야에서 발군의 실력을 보일 수 있는 것은 『탈무드』를 통해 배운 그대로 실천해 옮기기 때문이다. 유대인에게 『탈무드』는 삶 자체이다. 유대인들은 태어날 때부터 『탈무드』 DNA를 갖고 태어난다고 해도 전혀 지나침이 없다. 『탈무드』는 유대인과 떼려야 뗄 수 없는 산소와 갗고 물과 같은 존재이다.

『탈무드』에는 인생에 금과옥조와 같은 많은 문구가 있다. 이를 마음에 새기고 실천할 수 있다면 자신이 원하는 삶을 살아가는 데 큰 도움이 될 것이다. 이에 대표적인 문구를 살펴보는 것도 『탈무드』를 이해하는데 큰 도움이 되리라 생각한다.

자녀교육에 대하여

01 아이는 어릴 때는 엄하게 꾸짖고 크면 꾸짖지 마라.

02 아이를 키울 때는 차별하지 마라.

03 아이는 부모의 말씨를 닮는다. 성격은 그 말씨로 안다. 아이에게 무엇을 약속했으면 꼭 지켜라. 지켜지지 않으면 당신은 아이에게 거짓말 하는 것을 가르치는 것이다.

04 아버지를 존중하고 아버지에게 순종하는 것은 아버지가 그들을 위하여 먹을 것과 입을 것을 내어주기 때문이다.

배움에 대하여

01 책은 읽는 것이 아니라 배우는 것이다.

02 묻는 것은 배움의 첫 걸음이다.

03 모르는 것을 묻지 않는 것은 쓸데없는 오만 일뿐 아무것도 아니다.

돈에 대하여

01 돈은 악이 아니며 저주도 아니다. 돈은 사람을 축복하는 것이다.

02 사람에게 상처를 주는 세 가지는 고뇌, 다툼, 빈 지갑이다. 그 중 빈 지갑이 사람에게 가장 큰 상처를 준다.

03 돈은 비료와 같다. 쓰지 않고 쌓아두면 냄새가 난다.

04 정의를 거슬리는 돈벌이는 병을 얻는 것과 같다.

말에 대하여

01 부정한 혓바닥은 부정한 손보다 더 나쁘다.

02 입보다는 귀를 높은 자리에 두어라.

03 거짓말쟁이에게 주어지는 가장 큰 형벌은 그가 진실을 말했을 때에도 사람들이 믿지 않는 일이다.

04 인간의 입은 하나 귀는 둘이다. 이것은 듣기를 배로 하라고 하는 것이다.

삶의 지혜에 대하여

01 포도주는 새 것일 때엔 포도주 맛이 난다. 그러나 오래 묵으면 묵을수록 맛이 좋아진다. 지혜도 마찬가지이다. 나이 들어 지혜는 깊어진다.

02 향수가게에 들어가 아무런 향수를 사지 않더라도 가게를 나왔을 때는 냄새가 난다.

03 값비싼 진주가 없어져 이것을 찾기 위해 아무런 가치도 없는

양초가 쓰여졌다.

죄에 대하여

01 죄는 처음에는 여자처럼 약하지만 내버려 두면 남자처럼 강해
진다.

02 죄는 처음에는 나그네다. 그러나 그대로 두면 나그네가 집주
인이 되고 만다.

03 좋은 단지를 가지고 있으면 그날 중에 사용하라. 내일이면 깨
져버릴지도 모른다.

하나님을 믿는 자들은 성경을 필히 읽어야 한다. 그것은 하나님의
자녀로서 당연한 의무이다. 그리고 한번은 반드시 읽어야 할 게 있
다면 그것은 바로 『탈무드』이다. 인생의 모든 지혜를 담은 지혜의
비타민인 『탈무드』를 읽는 만큼 밝은 혜안이 당신의 마음을 환하게
채워줄 것이다.

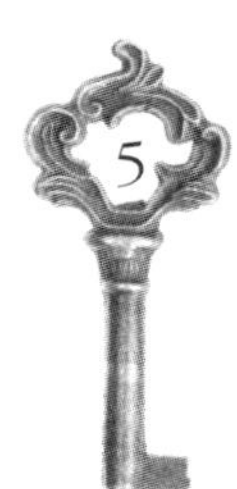

인간관계를 매끄럽게 하는
최고의 소통 바이블

_카네기 처세술

사람들과의 관계를 매끄럽게 이어가기 위해서는 원활한 소통이 필수이다. 소통은 인간관계의 혈맥과 같다. 혈이 잘 통하면 신진대사가 원활해 혈색이 좋고, 몸의 조직이 활달하게 움직임으로 건강한 몸을 유지하게 된다. 그러나 혈이 잘 통하지 않으면 신진대사가 떨어지고 건강에 적신호가 켜진다.

이와 마찬가지로 인간의 혈맥인 소통이 원활하면 매끄러운 인간관계로 인생을 보다 멋지고 풍요롭게 살아가게 된다. 그러나 소통이 불통이 되면 인생의 길은 꽉 막히게 되어 답답한 삶을 살아가게 되고, 심하면 삶 자체가 몰락하게 된다. 결론적으로 말하면 소통을 잘하는 사람이 인생을 잘 살아가게 됨으로써 만족한 삶을 살게 된다.

커뮤니케이션의 바이블이라고 할 수 있는 데일 카네기의 『카네기 처세술』은 소통에 대한 전반적인 문제를 심도 있게 다루고 있다. 특히 이 책이 많은 사람들에게 읽히는 것은 저자의 철저한 경험을 바탕으로 했다는 데 있다. 또 이 책은 성공적인 인생을 살았던 수많은 사람들을 예화로 들고 있어 설득력을 높인다는 게 장점이라고 할 수 있다.

이 책은 제1부 〈사람을 다루는 근본적 테크닉〉, 제2부 〈남이 당신에게 반하게 하는 법〉, 제3부 〈적극적 사고방식〉, 제4부 〈인생의 전환점〉, 제5부 〈편지의 힘〉, 제6부 〈행복한 가정〉 등 총 6부로 되어있다. 그리고 각 부마다 3개에서 12개에 이르는 소제목으로 이루어졌다.

이 책은 1936년 초판이 나온 이래 시공을 초월하여 아직까지도 사랑받는 초베스트셀러이다.

이 책의 저자 데일 카네기는 처음부터 처세술의 대가가 아니었다. 그 또한 평범한 사람에 불과했다. 그는 위런스버그 주립 사범대학을 졸업하고 네브레스카에서 교사로 아이들을 가르쳤다. 하지만 그는 어느 날 교사를 그만두었다. 새로운 일을 하기로 결심한 것이다. 그는 자기만의 강의 콘텐츠를 짜고, 거기에 맞는 텍스트Text를 직접 연구계발하는 데 몰입했다. 그리고 마침내 자기만의 철학과 사상이 담긴 자기계발 및 인간관계 향상을 위한 처세술 전략을 완성했다.

카네기는 자신의 꿈의 프로젝트인 '인간관계를 위한 대화와 스피치'에 대한 강연을 시작했다. 그가 계획한 강의는 당시로서는 블루오션과도 같았다. 자신의 삶이 새롭게 변화하기를 꿈꾸던 사람들에게 그의 강연은 매우 획기적인 것이었다. 그의 강연을 들은 사람들은 열광했고, 입소문을 타고 확산되었다. 그러자 여기저기서 많은 사람들이 그의 강연을 듣기 위해 몰려왔다. 카네기 자신도 예상하지 못한 놀라운 결과였다. 이에 용기를 얻은 그는 〈카네기 연구소〉를 설립하고 '인간경영과 자기계발' 강좌를 개설하였다.

카네기는 많은 사람들을 만나며 사람들이 살아가는 데 있어 가장 중요한 것은 소통이라는 것을 알았다. 그리고 소통을 잘하는 사람들에겐 몇 가지 공통점이 있다는 것을 파악하고는 그 부분에 대해 연구한 끝에 『카네기 처세술』을 쓸 수 있었다.

『카네기 처세술』은 인간이 살아가는 데 필요한 모든 처세의 방법이 집약되어 있다. 그리고 다양한 사례들이 구체적으로 제시되어 있어 읽는 재미를 줌은 물론 실천해야겠다는 마음이 들도록 만든다. 이 책의 특성을 한마디로 함축하여 말한다면 '소통의 기술'이라고 할 수 있다. 이 책이 제시하는 소통의 기술을 크게 다섯 가지로 나눌 수 있다. 물론 이는 어디까지나 필자의 생각에 의한 구분이라고 할 수 있다. 이 다섯 가지만 제대로 실천할 수 있다면 뛰어난 소통 능력을 기르게 됨으로써 삶을 매끄럽게 살아가는 데 큰 도움이 될 것이다.

그렇다면 소통을 잘 하기 위해서는 어떻게 해야 할까.

첫째는 상대방의 자존심을 세워주기이다.

이에 대해 데일 카네기는 말했다.

"대인 관계의 명수들에겐 한 가지 공통점이 있다. 그들은 하나같이 상대방의 자존심을 세워줄 줄 안다는 것이다."

카네기의 말은 인간관계에서 상대의 자존심을 세워준다는 것이 얼마나 중요한 것인지를 잘 알게 해준다. 자존심을 세워준다는 것은 상대를 존중하는 거와 같다.

훌륭한 대통령의 대명사인 아브라함 링컨은 자신의 구두를 직접 닦을 만큼 소탈하고 겸손했다. 그는 참모들에게도 먼저 인사를 하고 높여주었다.

포드 자동차 창업주인 헨리 포드는 직원들의 이름을 일일 기억하고 불러주었다고 한다. 자신들을 한가족처럼 대해주는 포드의 인격에 반한 직원들은 몸을 아끼지 않고 일한 끝에 세계 최고의 자동차 회사가 되었다.

영국의 수상을 지낸 맥밀란은 만나는 사람마다 먼저 인사를 건네고 전차를 타고 다녔다. 그는 겸손하고 검소한 생활로 영국국민들의 존경을 한 몸에 받았다.

미국의 26대 대통령을 지낸 시어도어 루스벨트는 만나는 사람 누구에게나 친절하고 자상했다고 한다. 친근감 넘치고 인간성 좋은 대통령을 존경하지 않을 국민은 없었다.

데일 카네기가 말했듯 이들은 하나같이 상대방의 자존심을 세워줄 줄 알았던 것이다. 사람은 자신의 자존심을 세워주는 사람들에게 존경심을 갖는다. 자신의 자존심을 세워준 것을 자신을 존중한다고 여기기 때문이다.

둘째는 상대방을 존중하기이다.

미국의 시인이자 사상가인 랠프 왈도 에머슨 이렇게 말했다.

"내가 만나는 모든 사람은 어떤 면에서는 나보다 우월하고 매력적이다. 그런 점에서 나는 그들로부터 배우는 것이다."

에머슨이 미국국민들로부터 존경받았던 것은 그의 말대로 자신이 만나는 사람들이 자신보다 우월하다고 여겨 존중하는 마음으로 대했기 때문이다.

"사람은 누구나 존중해 주면 쉽게 다가갈 수 있다. 즉, 어떤 능력에 대해서 존경심을 보여주면 당신의 말을 잘 듣게 될 것이다."

사무엘 바울 크레인이 한 말이다. 이 말은 존중의 중요성에 대해 명료하게 잘 보여준다. 상대와 친밀한 관계를 유지하고 싶다면 먼저 상대를 존중하는 자세가 필요하다. 누구나 자신을 존중해 주는 사람에게 깊은 관심을 갖게 되고, 상대적으로 그를 존경하게 됨으로써 친밀한 인간관계를 이어갈 수 있기 때문이다.

존중은 아름다운 품격이다. 상대를 존중하는 사람이 그렇지 않은 사람보다 잘 살아간다. 존중함으로써 자신은 존경받기 때문이다. 존경을 받다보면 늘 좋은 말과 긍정적인 말을 듣게 된다. 이런 말들은 생산적인 에너지를 품고 있어 자신이 잘 되는 것이다.

세 번째는 상대의 말을 경청하기이다.

대부분의 사람들은 말을 잘하는 사람과 자신의 말을 잘 들어주는 사람과 누구를 더 믿고 신뢰를 한다고 생각하는가. 그것은 자신의 말을 잘 들어주는 사람이다. 왜 그럴까. 자신의 말을 잘 들어주는 사람은 남을 배려하는 마음이 좋다고 여긴다. 또한 마음이 넉넉하고 인격적인 사람이라고 생각이 들어 그를 신뢰하기 때문이다.

사람들이 흔히 하는 오해가 있다. 그것은 말을 잘 해야만 정말 말을 잘하는 것으로 안다는 것이다. 그러나 말을 잘 들어주는 사람이야말로 말을 잘하는 사람이다. 카네기는 어느 모임에서 자신과 식물학자와 있었던 이야기를 통해 이에 대해 증명해 보였다.

네 번째는 상대를 친절하게 대하기이다.

사람들은 누구나 자신에게 친절한 사람에게 흥미를 갖는다. 친절한 사람은 마음이 따뜻하고 어떤 잘못도 용서해 줄 거라고 믿기 때문이다. 이런 이유로 친절한 사람은 누구에게나 호평을 받는다.

"한 방울의 꿀은 한 통의 쓸개즙보다 더 많은 날벌레를 잡을 수 있다."

이 격언은 친절의 중요성을 단적으로 말해준다. 꿀은 달기 때문에 많은 날벌레들이 모여든다. 하지만 쓸개즙은 쓰기 때문에 월등히 많은 양을 가지고도 날벌레를 잡을 수 없는 것이다.

친절은 사람사이를 부드럽게 이어주는 소통의 윤활유이다. 그래서 친절한 사람에겐 적이 없다.

다섯 번째는 상대의 장점을 파악하여 칭찬하기이다.

칭찬은 남녀노소 할 것 없이 누구나 좋아한다. 칭찬을 들으면 기분이 상승되고 긍정의 에너지가 솟아난다. 칭찬은 칭찬을 하는 사람이나 칭찬을 받는 사람 모두를 즐겁게 만드는 소통의 묘약이다. 인간관계에서 좋은 유대관계를 맺고 싶다면 칭찬하는 일에 익숙해야 한다. 그런데 이를 알고도 잘 하지 못하는 게 칭찬이다.

상대를 칭찬하는 것도 연습이 필요하다. 덮어 놓고 무조건 칭찬하는 것은 상대방의 기분을 저하시킬 수도 있다. 상황에 맞게 잘 간파를 해서 칭찬을 한다면 상대방에게 좋은 인상을 심어주게 됨으로 소통하는데 있어 큰 효과를 얻게 되는 것이다.

데일 카네기가 제시한 소통을 잘하기 위한 방법을 크게 다섯 가지로 정리해 보았다. 이 다섯 가지는 가장 기본적이지만 잘 지켜지지 않는 소통의 요소이다. 앞에서도 언급했듯이 이 다섯 가지만 잘 실행에 옮길 수 있다면 소통의 귀재가 되기에 부족함이 없다.

『카네기 처세술』에는 수많은 사례들이 잘 정리되어 있어 소통의 바이블이라고 할만하다.

하나님의 말씀을 잘 전하기 위해서는 필히 소통능력을 갖추어야 한다. 자신이 만나고자 하는 사람이 어느 분야에서 일을 하던 간에 자신의 말에 귀를 기울일 수 있도록 해야 한다. 그런데 길가는 사람들에게 무조건 밀어붙이기 식으로 대하는 것처럼 대한다면 어떻게 될까.

상대방은 심히 불쾌하게 생각할 것이다. 그래서 오히려 역효과를 낼 수 있다. 사람들의 관심을 제대로 유도하기 위해서는 지혜롭게 다가가야 한다. 그러기 위해서 반드시 소통의 기술을 터득해야 한다. 국내외적으로 소통의 고수들은 상대방을 사로잡는 소통의 기술에 능하다는 것이 이를 잘 말해주고 있다. 이것은 비단 선교에만 국한되는 것은 아니다. 믿음을 가진 이들 또한 생활인이기 때문에 소통을 잘하는 만큼 자신의 인생을 보다 탄력적으로 살아가게 된다. 그로인해 믿음에서도 생활에서도 성공적인 인생이 될 수 있다.

『카네기 처세술』은 인간관계를 유기적으로 이끌어내기 위해서 반드시 숙독해야 할 책이다.

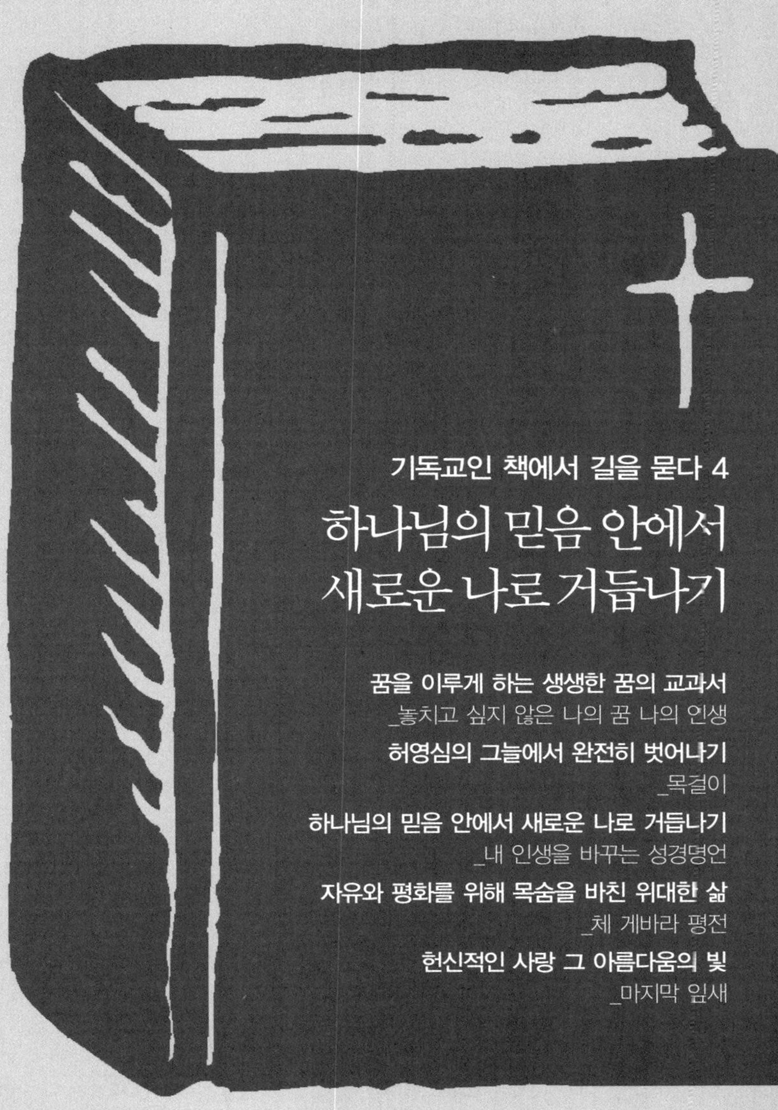
기독교인 책에서 길을 묻다 4

하나님의 믿음 안에서
새로운 나로 거듭나기

꿈을 이루게 하는 생생한 꿈의 교과서
_놓치고 싶지 않은 나의 꿈 나의 인생

허영심의 그늘에서 완전히 벗어나기
_목걸이

하나님의 믿음 안에서 새로운 나로 거듭나기
_내 인생을 바꾸는 성경명언

자유와 평화를 위해 목숨을 바친 위대한 삶
_체 게바라 평전

헌신적인 사랑 그 아름다움의 빛
_마지막 잎새

1 꿈을 이루게 하는
생생한 꿈의 교과서

_놓치고 싶지 않는 나의 꿈 나의 인생

사람은 누구나 꿈이 있다. 그런데 어떤 이는 꿈을 이루지만 또 다른 어떤 이는 꿈을 이루지 못한다. 그 이유는 무엇일까. 이에 대해 명쾌하게 제시하는 책이 있다. 성공철학의 최고 권위자이자 자기계발동기부여가이며 저술가인 나폴레온 힐의 『놓치고 싶지 않은 나의 꿈 나의 인생』이다. 이 책은 꿈을 이루고 싶은 이들에게 동기를 부여함은 물론 어떻게 하면 성공할 수 있는지에 대해 명쾌하게 보여준다. 이 책은 각 분야에서 성공한 이들의 성공요소를 철저하게 분석하여 실었으며, 실화를 바탕으로 해서 더욱 공감을 줌으로써 설득력을 높인다.

이 책의 저자인 나폴레온 힐 역시 평범한 기자에 불과했다. 그랬던 그가 세계적인 동기부여가가 된 데는 이유가 있다. 앤드류 카네기의 권유에 의해서다. 당시 앤드류 카네기는 만나는 사람마다 자신의 생각을 이야기하며 성공에 대한 연구를 해보라고 말했다. 그러나 어느 누구도 그의 생각을 따르지 않았다. 그런데 단 한 사람, 나폴레온 힐은 그의 말을 가슴에 깊이 새기고 자료를 수집하는 등 연구에 몰입했다. 그리고 마침내 성공한 사람들의 비법을 알아냈다. 그리고 그는 자신이 연구한 성공비법을 강연하며 사람들에게 들려주었다. 그러자 놀라운 일이 벌어졌다. 그의 강연을 듣고 많은 사람들이 새로운 길을 향해 달려간 끝에 성공을 하였다. 이에 자신감을 가진 나폴레온 힐은 자신의 경험을 책으로 썼는데, 폭발적인 인기를 끌며 초판이 나온 지 70년이 지난 지금까지도 꾸준히 팔리고 있다.

『놓치고 싶지 않은 나의 꿈 나의 인생』은 모두 3권으로 이르어졌다. 제1권은 꿈을 실현시키는 성공철학을 13가지로 분석하여 실었고, 제2권에는 긍정적인 정신자세를 통한 성공철학 10단계를 비롯해 나폴레온 힐이 평생을 연구한 끝에 완성한 성공을 위한 실천프로그램이 실렸으며, 제3권에는 자신의 가치를 높여주는 성공철학 17단계의 성공철학을 철강왕 앤드류 카네기가 설명해 주는 것처럼 군답식으로 실었다.

좋은 책은 그 어느 훌륭한 스승만큼이나 가치가 있다. 이 책은 자신의 꿈을 실현시키기 위해 노력하는 자들에게는 꿈의 교과서라고 할만하다.

나폴레온 힐의 꿈을 이루는 비법에 대한 몇 가지를 살펴봄으로써 독자들이 이 책을 왜 읽으면 좋을지에 대해 말하고자 한다.

첫 번째 꿈을 이루는 비법은 생각에 따라 삶이 결정된다는 것이다. 생각이란 머릿속에서 일어나는 작용으로 같은 관점도 여러 가지 측면에서 생각하게 된다. 긍정적으로 생각하면 긍정적으로 실행하게 되고, 부정적으로 생각하면 부정적으로 끝나게 되고, 이것도 저것도 아니면 혼란만 겪고 만다.

나폴레온 힐은 가난하지만 꿈을 잃지 않고 자신이 품은 꿈을 이루기 위해 발명왕 토머스 에디슨과 함께 일하고 싶어 하는 에드윈 C. 번즈에 대해 소개한다. 번즈의 몰골은 노숙자 그 이상이었다. 그런 그가 에디슨과 공동으로 사업을 해보고 싶다고 하니 누가 보든 미친 사람처럼 보였다. 그러나 번즈는 에디슨을 찾아갔고, 이런 자신의 꿈을 말했다. 에디슨은 그의 초라한 몰골 속에 빛나는 눈을 보았다. 그의 눈이 꿈으로 불타고 있다는 걸 안 것이다. 에디슨은 그에게 기회를 주기로 생각하고 함께 일하자고 했다. 이 당시 에디슨은 '축음기'를 발명했는데 〈에디슨연구소〉의 마케팅직원들은 탐탁지 않게 여겼다. 번즈는 기회는 이때다 여기고 자신이 판매를 하겠다고 말했다. 이에 에디슨은 허락했고, 번즈는 보란 듯이 판매에 성공하였다. 그 당시 번즈는 무려 300만 달러나 되는 돈을 벌었다고 한다. 그리고 이 일을 계기로 번즈는 당당하게 에디슨과 공동경영자가 되었다. 번즈는 이 일을 통해 '진지하게 생각을 거듭하다보면 반드시 소원이 성취된다.'는 확신을 갖게 되었다.

"그가 하루 종일 생각하고 있는 것 그 지체가 그 사람이다"

이는 미국의 시인이자 사상가인 랠프 왈도 에머슨이 한 말이다. 이 말은 생각이 곧 그 사람이라는 의미로 생각을 어떻게 하느냐에 따라 그 사람의 삶도 그대로 된다는 것을 말한다. 생각의 힘은 참으로 놀라운 것이다.

두 번째 꿈을 이루는 비법은 모든 것은 간절한 소망에서 이루어진다는 것이다. 꿈을 향한 간절한 소망은 스스로에게 강한 동기를 부여해준다. 나는 반드시 꿈을 이루고야 말겠다는 간절한 열망이 강한 긍정의 에너지를 분출시킨다. 긍정의 에너지는 잠시도 가만히 있지 않게 한다. 항상 시작하라고 말하고, 지금 당장 실행하라고 언제나 마음을 뒤 흔들어댄다.

"무언가를 간절히 원하면 온 우주가 소망을 이루도록 도와 줄 것이다."

전 세계적으로 3,000만부나 팔린 초유의 베스트셀러 『연금술사』의 작가인 파울로 코엘료가 한 말로써 간절한 '소망'의 중요성을 잘 보여준다.

세 번째 꿈을 이루는 방법은 상상력에서 가능성이 나온다는 것이다. 상상력은 매우 중요하다. 지금 인류가 최첨단 문명의 시대를 구가하고 있는 것은 뛰어난 상상력을 가진 이들의 노력의 결과이다.

이에 대한 이야기를 보자.

미국 유명공과대학인 일리노이 공과대학을 설립한 프랑크 갠솔러스는 꿈은 있었지만 자신의 꿈을 실현시킬 수 있는 100만 달러가 없었다. 그는 학생들에게 꿈을 찾아주기 위한 대학을 만드는 것이 꿈이었다. 그러나 그에겐 한 푼의 돈도 준비되어 있지 않았다. 그는 기도를 하며 골똘히 생각하였다. 그는 일주일내에 돈을 만들어야겠다고 다짐하였다. 그러자 마음속에서 울림이 들려왔다.

'어째서 오랫동안 결단을 내리지 못하는가. 돈은 오랜 전부터 너를 기다리고 있었다.'

이에 용기를 얻은 갠솔러스는 신문사에 전화를 걸어 내일 아침 설교를 하겠다고 신청했다. 그는 설교주제를 '만일 지금 나에게 100만 달러가 있다면 무엇을 할 것인가'로 정했다. 그는 지난 2년 동안 상상으로만 해왔던 자신의 계획을 설교를 통해 풀어놓았다. 그의 진지하고 열정적인 설교에 예배에 참석한 사람들 또한 아주 진지한 자세로 경청하였다. 그가 설교를 끝내자 기다렸다는 듯이 어떤 신사가 그에게 팔을 벌리고 다가왔다.

"목사님, 당신의 설교에 감동했습니다. 만일 100만 달러가 있다면 당신은 지금 설교한 대로 실행할 것으로 믿습니다. 내일 제 사무실로 오시면 제가 100만 달러를 해드리겠습니다."

다음 날 아침 갠솔러스는 그의 사무실로 찾아갔는데 그는 자신의 말대로 100만 달러를 갠솔러스에게 건네주었다. 갠솔러스는 이 돈으로 자신이 꿈꾸던 대학을 설립하였다. 그에게 돈을 건넨 신사의 이름은 필립 D. 아머이다.

참으로 놀라운 일이 아닌가. 상상력만으로도 꿈을 이룰 수 있다는 건 기적과도 같은 일이다. 그러나 우리가 모르는 수많은 기적들은 상상에서 그 가능성이 발현된다는 것이다.

벨이 전화를 발명한 것이나 벤저민 프랭클린이 피뢰침을 발명한 것이나 에디슨이 전구를 발명하는 등 모든 것들은 상상력에서 이루어진 것이다. 이에 대해 괴테는 이렇게 말했다.

"꿈꿔라, 꿈 꿀 수 있는 것은 무엇이든 이룰 수 있다."

옳은 말이다. 상상하라. 당신이 원하는 것을 얻게 될 것이다.

꿈을 이루는 네 번째 비법은 유익한 협력자를 찾는 것이다. 성공한 사람들 곁에는 그가 성공하는데 큰 힘이 되어준 이들이 있다. 지식이 부족해도 지식이 풍부한 사람을 곁에 둔다면 큰 도움을 받을 수 있고, 물질이 부족해도 물질이 넉넉한 사람이 곁에 있다면 큰 도움을 받을 수 있다.

포드자동차를 창업하고 최고의 지동차회사로 성장시킨 헨리 포드는 자신이 디자인한 자동차도면을 우연한 기회에 평소에 존경하는 토머스 에디슨에게 보여주었다. 도면을 본 에디슨은 잘만 하면 좋은 결과를 얻을 수 있을 거라고 말했다. 이에 큰 자신감을 얻은 헨리 포드는 도면대로 자동차를 만들었고 큰 성공을 거뒀다. 유비는 당대 최고의 지성인 제갈공명을 곁에 두기 위해 세 번이나 찾아간 끝에 자신의 군사로 둠으로써 그의 뛰어난 머리를 빌려 승리할 수 있었다. 또한 관우와 장비를 자신 곁에 둠으로써 든든한 배경을 이룰 수 있었던 것이다. 20세기 최고의 물리학자로 특수 상대성원리를 발견한 아인슈타인은 뉴턴을 멘토로 삼아 노력한 끝에 최고의 과학자가 되었다. 낭만주의 음악의 선구자자인 슈베르트는 베토벤을 존경한 나머지 그의 일거수일투족을 그대로 따라한 끝에 뛰어난 음악가가 될 수 있었다.

뛰어난 협력자를 곁에 둔다는 것은 천군만마를 얻은 것처럼 큰 힘이 된다. 그런데 문제는 뛰어난 협력자를 곁에 두기 위해서는 본인이 상대에게 인정을 받아야 한다는 사실을 간과해서는 안 된다.

자신을 성공한 인생으로 만들고 싶다면 어떤 순간에도 꿈을 잃어서는 안 된다. 꿈을 잃는 순간 자신이 원하는 삶 또한 사라져 버린다. 이를 잘 알게 해주는 이야기이다.

아버지 야곱으로부터 사랑을 듬뿍 받았던 요셉. 그는 형들에겐 눈에 가시였다. 형들은 요셉을 시기하고 질투하였다. 그러던 어느 날 요셉은 아버지 심부름으로 형들에게 가지만 형들은 요셉을 노예상인에게 팔아버린다. 그리고 아버지 야곱에겐 짐승에게 죽임일 당한 것처럼 말한다. 애급(이집트)으로 팔려간 요셉은 노예가 되어 고난을 겪지만 그의 가슴속엔 언제나 꿈이 살아있었다. 그는 꿈을 잃지 않고 하나님을 의지한 끝에 애급의 총리가 되었으며 이스라엘을 위기로부터 구해낼 수 있었다.

『놓치고 싶지 않은 나의 꿈 나의 인생』은 꿈을 이루고 싶은 사람들에게 훌륭한 성공교과서이다. 특히 이 책은 실화를 바탕으로 하여 깊은 공감을 주고 설득력을 이끌어낸다. 자신의 꿈에 대해 심도 있게 공부하고 싶다면 이 책을 읽어라. 이 책을 읽고 나면 이 책을 읽기전과 많은 차이점을 느끼게 될 것이다. 그리고 그 순간부터 당신은 완전히 다른 사람으로 바뀌게 될지도 모른다.

2 허영심의 그늘에서
완전히 벗어나기

_목걸이

인간에게 허영심은 무엇인가. 그것은 마치 인생의 그림자와 같다. 허영심은 인간이라면 누구에게나 있다. 다만 허영심이 많고 적음의 차이일 뿐. 그런데 문제는 허영심은 부정적이라는 것이다. 허영심에 깊이 빠지게 되면 이성을 잃게 된다. 이성을 잃으면 옳고 그름에 대한 판단력이 흐려진다. 그래서 무분별하게 행동하게 되는 것이다.

허영심이 인간에게 미치는 영향을 분명하게 보여주는 책이 있는데 그것은 모파상의 『목걸이』이다.

문부성 하급 관리를 남편으로 둔 마틸드. 그녀는 예쁘고 멋진 여자다. 하지만 그녀의 마음속엔 언제나 화려한 꿈으로 부풀어 있다. 화려한 양탄자가 깔린 멋진 대저택에서 하녀들의 시중을 받으며 멋진 드레스를 입고 찬란하게 빛나는 보석으로 치장을 한 자신의 모습을 그리며 입가에 미소를 짓는 여자. 그러나 상상에서 깨어나면 현실은 정 반대다. 작고 낡은 집, 싸구려 소파에 하녀는커녕 자신이 직접 밥하고 빨래하고 청소를 해야 한다. 마틸드는 하루하루 사는 게 재미가 없다. 그녀의 얼굴은 언제나 시무룩하고 남편에게 곧잘 짜증을 부리지만 가난한 남편으로서는 그녀의 욕구를 채워주지 못한다. 성실한 남편은 아내의 불평불만에도 화 한번 안 내고 그 비위를 다 맞춰준다. 이런 남편이 있다는 것은 여자로서는 매우 행복한 일일 것이다. 그러나 마틸드는 당연하게 여길 뿐 늘 자신을 불행하다고 생각했다.

그러던 어느 날 장관이 초대하는 파티에 부부 동반으로 참석하게 된다. 그녀가 옷 타령을 하자 남편은 아껴 모아둔 용돈을 탈탈 털어 아내에게 준다. 마틸드는 얼른 옷가게로 가서 마음에 드는 옷을 사서 집으로 온다. 하지만 그녀는 퇴근한 남편에게 말한다.

"옷만 있으면 뭐해. 변변한 목걸이 하나 없는데."

남편은 그녀의 말을 듣고 아무 말도 할 수 없었다. 목걸이를 사 줄 돈이 없었던 것이다. 마틸드는 불평불만을 늘어놓다 부잣집 친구를 찾아가 목걸이를 빌려 파티에 참석하였다.

화려한 샹들리에 아래 차려진 고급스러운 음식이며, 멋지게 꾸미고 온 여자들, 많은 사람들 사이에서도 마틸드의 미모는 돋보였다. 음식을 먹고 나서 사람들은 춤을 추기 시작했다. 모두가 밝은 표정이었다. 마틸드 또한 하얀 목련보다도 화사하고 아름다웠다. 사람들은 마틸드의 미모에 빠져 춤추다 말고 그녀를 바라보느라 정신이 없었다. 마틸드는 사람들의 눈길이 자신에게 집중되자 더 우아하고 멋지게 춤을 추었다. 파티는 마치 그녀를 위한 것처럼 보여졌다.

근사한 파티가 끝나고 집으로 돌아온 마틸드는 너무나도 행복한 얼굴이었다. 그러나 잠시 후 그녀는 비명을 질렀다.

"모, 목걸이가⋯⋯."

목걸이가 없어진 것이다. 마틸드는 그 다음 날부터 파출부 일을 하며 돈을 벌어야 했다. 목걸이를 사기 위해서는 3만 5천 프랑이나 있어야 했다. 미틸드가 3만 5천 프랑짜리 목걸이를 사는 데 무려 10년이란 세월이 흘렀다. 그녀는 목걸이를 사서는 친구에게 찾아가 그동안 있었던 이야기를 털어놓았다. 마틸드의 얘기를 듣고 친구가 말했다.

"오, 가엾은 마틸드! 그 목걸이는 500프랑짜리 가짜였어."

친구의 말을 듣는 순간 마틸드의 얼굴엔 지난 10년의 세월이 주마등처럼 지나갔다. 마틸드의 아름답던 얼굴은 주름이지고 멋진 몸매는 예전의 몸매가 아니었다. 허영심이 그렇게 만든 것이다.

허영심을 절제하지 않으면 누구나 마틸드처럼 되지 말라는 법은 없다. 아무리 재물이 산더미처럼 쌓여 있어도 허영심 앞에서는 아무 소용이 없다. 재물을 없애는 건 순간적이기 때문이다. 허영심 또한 행복해지고 싶은 마음에서 생기는 인간의 욕망이다. 그런데 문제는 이 욕망이 지나치면 행복해지는 것이 아니라 불행해진다는 사실이다.

"행복을 사치한 생활 속에서 구하는 것은 마치 태양을 그림으로 그려 놓고 빛이 비치기를 기다리는 것과 같다."

이는 나폴레옹이 한 말로 사치한 생활에서 행복을 찾는 것에 대해 경각심을 주기에 충분하다고 하겠다. 물론 화려하고 사치한 삶은 누구나 바라는 삶일지도 모른다. 그러나 독버섯이 화려하지만 치명적인 독을 품고 있듯 화려한 사치는 삶을 불행하게 만드는 악의 요소이다.

"진정으로 행복하기 위해서는 지나친 허영심을 버려야 한다. 허영심을 버리지 않는 한 행복은 있을 수 없다. 사람들은 자신의 올바른 이성과 양심을 담기에 애쓰는 것보다는 몇 천 배의 제물을 얻는 일에 머리를 쓴다. 그러나 우리의 참된 행복은 자신의 마음속에 있는 소중한 것이지 옆에 있는 물건의 소중한 것이 아니다."

이는 쇼펜하우어가 한 말로 허영심의 그릇된 점을 지적하는 한편 진정한 행복의 가치관에 대해 잘 보여준다.

"행복이란 스스로 만족하는 데 있다. 남보다 나은 점에서 행복을 구한다면 영원히 행복하지 않을 것이다. 그것은 누구나 남보다 한두 가지 나은 점이 있지만 열 가지가 남보다 뛰어난 사람은 없다. 그러므로 남과 비교하지 말고 스스로 만족할 줄 알아야 한다."

알랑이 한 말로 행복은 남과 비교해서는 안 된다는 것을 말한다. 자신보다 못한 사람과 비교를 하면 만족할 수 있어도 자신보다 낫다고 생각하는 사람과의 비교에서는 불만족하게 된다. 이처럼 남과의 비교에서 행복을 찾는다는 것은 매우 잘못된 일일 뿐이다.

자신을 행복하다고 말하는 사람들은 스스로에게 만족할 줄 안다. 그리고 가장 그들이 중요하게 생각하는 것은 자신의 것을 남에게 나누어주는 것이다. 그것이 물질이든 정신이든 나누는데서 참된 행복을 느낀다. 이에 대해 프랑스 사상가인 아나톨 프랑스는 이렇게 말했다.

"이 세상의 참다운 행복은 남에게서 받는 것이 아니라 내가 남에게 주는 것이다. 그것이 물질적인 것이든 정신적인 것이든 인간에게 있어서 가장 아름다운 행동이기 때문이다."

그렇다. 자신을 행복하다고 생각하는 사람들은 하나같이 자신만을 위한 행복을 찾지 않는다. 자신의 행복을 나누어주는 것을 최고의 행복으로 여기는 것이다.

허영심은 행복해지고 싶은 욕망이 빚어낸 마음이다. 적절한 허영심은 행복해지고자 하는데 도움이 된다. 문제는 허영심이 대책 없이 커지는 것이다. 대책 없는 허영심은 본인이 변하지 않는 한 막을 수가 없다.

예뻐지고 싶은 욕망이 지나쳐 성형수술을 밥 먹듯 하는 것도 일종의 허영심이며, 몸짱이 되기 위해 단백질 약을 무분별하게 복용하는 것 역시 일종의 허영심이다. 또한 자신의 허영심을 채우기 위해 도

둑질을 하고, 남을 해치는 일도 서슴없이 해댄다. 이는 허영심을 넘어 죄를 짓는 일이다. 이처럼 무엇이든 정도를 넘어서는 것 이것이 문제인 것이다.

모파상은 『목걸이』에서 여성들의 내면에 잠들어 있는 허영심이라는 욕망을 통해 진정한 행복은 허영심에서가 아니라 자신의 삶에 만족할 줄 알고 감사할 줄 아는데 있음을 보여주고 싶었던 것이다. 마틸드의 남편은 문부성의 하급관리지만 성실하고 검소한 사람이다. 그는 차곡차곡 모은 용돈을 아내를 위해 내어 놓지만 아내는 남편이 자신을 사랑하는 마음을 알지 못한다. 오직 가난한 남편에 대한 불평과 불만으로 가득하다. 하지만 남편은 자신을 불행하다고 생각하지 않는다. 다만 아내에게 더 잘 해줄 수 없음을 안타까워한다. 남편은 아내를 사랑하는 것만으로도 행복할 줄 아는 훈남이다. 그러나 마틸드는 전혀 다르다. 남편의 사랑은 아랑 곳 하지 않는다. 오직 자신을 멋지게 꾸며 줄 목걸이와 옷에만 신경이 집중되어 있다. 상황이 이렇다 보니 남편이 눈에 들어 올 리가 없는 것이다. 결국 그녀는 허영심을 버리지 못한 대가를 혹독하게 치른 끝에야 자신이 얼마나 허무한 존재인가를 뼈에 사무치도록 느낀다.

"죄의 삯은 사망이요 하나님의 은사는 그리스도 예수 우리 주 안에 있는 영생이니라."

　　로마서 6장 23절 말씀이다. 죄가 무서운 것은 죄의 대가는 사망이라는 데 있다. 즉, 죽음이란 단지 죽음으로 끝나는 것이 아니다. 그것은 영원히 씻을 수 없는 것이기에 하나님 앞에 용서가 되지 않는다.

　　이처럼 허영심이 무서운 것은 허영심이 지나치다보면 죄를 짓게 된다는 것이다. 대개 죄를 짓는 사람들의 심리는 욕망에서 비롯된다. 물론 먹을 것이 없어 죄를 짓는 경우도 있지만 이는 극히 일부이다. 대개는 그릇된 욕망에서 죄를 짓는다. 허영심은 그릇된 욕망이라고 할 수 있다. 그래서 지나친 허영심을 버려야 한다는 것이다.

　　이 그릇된 허영심에서 벗어나기 위해서는 자족할 줄 아는 마음을 가져야 한다. 작은 것에도 만족할 줄 아는 마음을 갖게 되면 허영심을 이겨낼 수 있다. 스스로 만족할 줄 아는 사람이 진정으로 행복한 사람이다.

3 하나님의 믿음 안에서 새로운 나로 거듭나기

_내 인생을 바꾸는 성경명언

전 세계에서 가장 많이 팔린 영원한 베스트셀러인 성경. 구약 39권, 신약 27권 총 66권으로 구성된 생명말씀의 보고인 성경은 믿는 자들이나 믿지 않는 자들이 한번은 숙독해야 할 책이다. 시인이나 소설가를 비롯한 작가들은 반드시 읽어야 할 필독서이기도 한 성경엔 사람들이 살아가면서 배우고 익히고 지켜야 할 도리에 대해 세세하게 나와 있다. 특히 믿는 자들은 하늘의 양식으로 마음 깊이 새겨야 한다. 전 세계적으로 볼 때 수많은 사람들이 성경을 읽고 새로운 인생으로 거듭났다. 이는 성경이 단순히 기독교인들만을 위한 책이 아니라는 것을 의미한다.

『내 인생을 바꾸는 성경명언』은 총 8장에 각 장마다 10꼭지로 구성되어 있다.

제1장은 좋은 나무 같은 사람, 제2장은 담대하고 담대하라, 제3장은 생각을 바꾸면 길이 보인다, 제4장은 인내로써 씨를 뿌리면 기쁨으로 단을 거둔다, 제5장은 깊이보고 깊이 생각하라, 제6장은 사랑

하라, 한 번도 슬프지 않은 것처럼, 제7장은 고난의 눈물에 굴복하지 마라, 제8장은 내 인생을 바꾸는 힘이다.

　1장의 주요 내용을 보면 자본주의의 발달의 장단점에 대해 말한다. 장점으로는 문명의 이기를 가져옴으로써 인간의 삶에 큰 변화를 주었음을 두 가지 관점에서 말한다. 하나는 삶의 편리함을 가져왔고 의술의 발달은 인간의 수명을 크게 늘려놓았다. 먹는 것, 입는 것, 타는 것, 즐기는 것 등의 생활패턴도 다양한 모습으로 인간의 삶을 바꿔 놓았다. 이러한 변화는 인간들의 삶에 긍정적인 변화를 불러일으켜 보다 더 행복한 삶으로 이끌어 주었음을 말한다. 하지만 그 반면에 인간은 도덕적으로 급변하였다. 자신의 유익을 위해서라면 하루아침에 양심을 져버리고, 해서는 안 될 일도 거리낌 없이 한다. 그로인해 삶은 점점 피폐하고 있는데 이를 막을 수 있는 방법은 마음을 맑게 하고 평안하게 해야 함을 제시한다. 또 인간관계에 있어 조심해야 할 것 중 하나가 남을 비판하는 것임을 제시하고, 비판은 상대방의 심기를 불편하게 만드는 일로 자제해야 한다는 것을 보여준다.

　2장의 주요 내용은 무관심은 아주 무서운 마인드라고 말한다. 무관심은 스스로를 투명인간으로 만들기 때문이라는 게 그 이유다. 요즘 사람들은 어려운 일을 겪어도 본체만체 하고, 나하고 상관없는 일엔 세상이 개벽을 한다고 해도 눈 하나 깜빡 안한다. 이는 인간성을 상실하는 행위라고 말한다. 이를 극복하기 위해서는 매사에 관심을 기울여야 한다고 한다. 그리고 살아가는 동안 자신만을 위한 삶은 아무리 잘 살아도 가치의 의미는 축소될 수밖에 없다고 말하며, 그 이유를 혼자만 잘 산다는 것은 개나 돼지와 다를 바가 없기 때문이라고 말한다. 저자는 사람답게 살아가기 위해서는 상생해야 한다고 제시한다.

3장의 주요 내용은 자신이 하는 일을 승리로 이끄는 것처럼 의미 있고 행복한 일은 없음을 말한다. 자신의 일을 승리로 이끌기 위해서는 최선의 노력이 필요하다. 그런데 사람들 중엔 최선을 다 하지 않으면서도 자신이 잘 되기를 바란다. 이런 마음은 요행을 바라게 되고, 자신의 잠재된 능력도 무가치하게 만든다. 승리하는 삶을 살기 원한다면 그에 맞게 생각하고 행동해야 함을 제시하고 있다.

4장의 주요 내용은 깨어 있는 사람과 그렇지 않은 사람은 생각자체가 다르다. 깨어있는 사람은 창조적이고, 혁신적이고, 생산적인 마인드를 가졌다. 그래서 새로운 변화를 좋아하고, 처음 시도하는 일에도 두려워하지 않는다. 반면에 깨이지 못한 사람은 비창조적이고, 비혁신적이고, 비생산적이다. 그래서 고정관념에 깊이 뿌리박혀 있어, 새로운 것을 두려워하고 매우 조심스러워한다. 자신이 원하는 것을 얻기 위해서는 생각이 깨어 있어야 한다. 그리고 끊임없이 시도해야 한다. 이러한 열정이 자신의 삶을 창조적으로 이끌어내고 만족한 행복을 누리게 한다고 말한다.

또 용서는 인간을 신에게 이끄는 가장 아름다운 행동이다. 참된 용서만이 모두를 하나가 되게 하여 사랑이 넘치고, 행복이 넘치는 나와 너와 우리가 될 수 있음을 말한다.

5장의 주요 내용은 새 포도주를 새 부대에 넣으라는 것은 변화된 삶을 살라는 것임을 말한다. 우리가 사는 세계는 하루가 다르게 변한다. 오늘의 새로운 것도 내일이면 낡은 것이 되고 만다. 급물살을 탄 듯 빠르게 지나가는 게 요즘의 삶이라고 말하며 낙오자가 되지 않기 위해서는 늘 새로운 지식, 새로운 마음, 새로운 생각을 길러야 한다고 말한다.

6장의 주요 내용은 '죄罪'에 대해 말한다. 죄를 짓게 되면 불안해하고, 안절부절 못하는 것은 죄에 대한 대가를 치러야 하기 때문이다. 죄는 인간이 저질러서는 안 되는 '사회의 악'이다. 이는 죄가 인간에게 미치는 영향이 매우 크다는 것을 의미한다고 말한다.

또 소망에 대해 말하기를 소망으로 가득 찬 사람의 얼굴은 봄 햇살처럼 온화하고, 눈은 사슴처럼 맑게 빛난다고 말한다. 소망은 모든 것을 가능하게 하는 자신감과 기쁨으로 끌어당기는 에너지를 주기 때문임을 말하며 소망을 품고 살면 용기가 넘치고, 하는 일도 잘된다고 말한다.

7장의 주요 내용은 돈에 대해 말한다. 다다익선이라는 말처럼 돈은 많으면 많을수록 좋다. 하지만 자신만 배불리는 돈이나 자신의 탐욕을 위해 쓰는 돈은 차라리 없는 게 났다. 이런 돈은 자신은 물론 다른 사람들에게까지 악영향을 끼친다. 돈이란 없는 사람들을 위해 구제 사업을 하거나, 후원을 하는 등 가치 있게 쓸 때 힘이 있고 의미가 있다는 것임을 말한다.

또 자기만족에 대해 말하는데 만족의 기준은 사람마다 다르다고 말한다. 어떤 사람은 작고 보잘것없는 것에서도 만족하는가 하면, 어떤 사람은 넘치도록 풍족한데도 만족하지 못해 안절부절 못한다고 말하며 자신의 삶에 만족하기 위해서는 작은 일에도 만족하며 사는 것이라고 말한다.

8장의 주요 내용은 인생의 참된 길에 대해 말하며 이에 대한 보편적인 답은 두 가지라고 말한다. 그것은 '있다' 와 '없다' 이다. 인류가 이 땅에 존재하던 그 순간부터 인간에게 주어진 문제가 바로 '인생을 참되게 살아갈 수 있느냐' 하는 것임을 말하며, 이에 대한 해답을 얻기 위해서는 예수그리스도의 가르침대로 사는 것이라고 말한다. 그리고 감사하며 산다는 것은 삶에 대한 예의라고 말한다. 감사한 일을 곰곰이 헤아려보면 참 많다고 저자는 말한다. 그러나 감사할 줄 모르면 감사한 일을 곁에 두고도 당연하게 생각한다며 감사할 줄 모르는 것은 자신의 삶을 모독하는 일이라고 말하며 감사하는 일이 많을수록 더 행복하고 감사하며 살게 된다고 성경말씀을 통해 말하고 있다.

『내 인생을 바꾸는 성경명언』은 지금과 다른 인생으로 살고 싶은 사람들을 위해 쓰여진 책이다. 이 책엔 수많은 예화가 들어 있어 공감대를 넓혀 독자들이 쉽게 다가가도록 했다. 또한 주요 성경말씀이 편편마다 들어 있어 성경을 이해하는데 많은 도움이 된다. 뿐만 아니라 기독교인들이나 비기독교인들 할 것 없이 누구나 쉽게 이해할 수 있도록 쉬운 언어로 씌어져 읽는 즉시 이해가 된다.

결론적으로 말하면 이 책은 단순히 성경지식만을 전달하는 목적을 갖고 쓴 책이 아니라는 것이다. 이 책은 삶을 살아가는 데 필요한 삶의 철학과 사상, 그리고 풍부한 지식이 들어 있어 이 책을 읽고 나면 정신이 맑고 풍요로워지는 것을 느끼게 될 것이다.

앞에서도 이미 말했지만 기독교인들은 많은 지식을 갖고 있어야 한다. 그래야 하나님을 체계적으로 전할 수 있고, 그 어느 누구와도 대화가 가능할 수 있다. 그런데 지식이 낮아 자신이 전하고자 하는 것을 제대로 전할 수가 없다면 얼마나 답답하겠는가. 배움이란 학교에서만 이루어지는 것이 아니다. 진정한 배움은 학교 밖에서 이루어진다. 배움을 통해 많은 지식을 기르고 싶다면 책을 읽어라. 책은 때와 장소, 학력이 높고 낮음을 가리지 않는다. 글만 알면 누구나 읽을 수 있는 게 책이다.

『내 인생을 바꾸는 성경명언』은 이런 점에서 사람들에게 좋은 읽을거리가 될 것이다.

자유와 평화를 위해
목숨을 바친 위대한 삶
_체 게바라 평전

자유와 평화는 인간이 인간답게 살아가는데 있어 반드시 갖춰야 할 필수 조건이다. 이 조건이 충족되지 않으면 인간은 인간으로서 살아갈 가치를 잃게 된다. 그래서 자유와 평화가 위협을 받으면 목숨을 걸고 싸워서라도 지키려고 한다. 자유와 평화는 하나님께서 인간에게 부여한 최고의 선물인 동시에 권리이다.

지금 이 순간도 독재자에 의해 자유와 평화를 구속당한 체 살아가고 있는 사람들이 세계 도처에 놓여있다. 시리아를 비롯한 이집트 등 중동국가와 아프리카 일부 국가가 대표적인 예이다. 인간의 존엄성을 구속하고 자유와 평화를 위협하는 것은 하나님께 대한 도전이다.

핍박받는 사람들의 자유와 평화의 존엄성을 지키기 위해 자신을 아낌없이 바친 21세기의 영원한 자유와 평화의 등불인 체 게바라. 그의 일대기를 그린 『체 게바라 평전』은 자유와 평화가 얼마나 소중한 것인지를 잘 알게 하는 자유와 평화의 교과서라 할 만하다.

군복에 검은 베레모, 짙은 눈썹, 짙은 턱수염의 잘생긴 외모의 남자. 한 때는 금기시 한 그에 대한 서적들, 금기시된 책의 주인공인 체 게바라. 그의 어릴 때 이름은 에르네스토 게바라^{Ernesto Guevara}이다. 그는 아르헨티나의 로사리오 중산층의 가정에서 맏아들로 태어났다. 체 게바라는 어려서 천식을 몹시 앓았다. 그래서 그의 부모는 그를 키우는데 여간 신경을 쓰지 않으면 안 될 정도로 몸이 약했다고 한다. 부모의 사랑과 정성으로 그는 건강한 몸을 찾았다.

체 게바라는 아버지의 영향으로 자신보다 가난하고 어려운 친구들과 어울리며 그들에게 먹을 것을 주고 집에서 재워주기도 했다. 그만큼 그는 따뜻하고 부드러운 품성을 지닌 소년이었다. 그런데 체 게바라는 성장하면서 누구든 잘살고 누구는 가난하게 살아야하는지에 대한 강한 의구심을 갖게 되었다. 이는 그가 훗날 성인이 되었을 때 그의 인생을 완전히 뒤바꾸어 놓은데 결정적인 역할을 하게 된다.

체 게바라는 대학에 진학할 때 자신의 꿈을 위해 의대를 선택했고 입학 후 열정적으로 의학을 공부했다. 그렇게 공부에 몰입한 그는 1953년 부에노스아이레스 대학^{University of Buenos Aires}에서 의학박사 학위를 받았다. 그는 가난하고 병들고 어려운 이들을 위해 살기로 결심을 하였다.

그러나 그에게 전혀 생각지도 못했던 일이 생긴다. 체 게바라는 의학박사라는 사회적 지위와 부를 축척할 수 있는 자리를 과감히 버리고, 오직 혁명이라는 그 사실 하나만을 위해 온 몸을 바치기로 결심했다. 그는 혁명만이 라틴 아메리카의 사회적 불평등을 해결할 수 있다고 굳게 믿었던 것이다. 이런 생각에 빠져있던 체 게바라는 1954년 멕시코로 가서 그곳에 망명하고 있던 쿠바 혁명의 지도자인 피델 카스트로와 합류하여 의기투합하고, 쿠바정부에 반기를 든 피델 카스트로와 반정부 활동을 벌였다.

그들이 벌인 게릴라 전투는 그 어떤 전쟁보다도 치열했다. 체 게바라는 전쟁을 결코 두려워하지 않았다. 그는 전쟁만이 위기에 빠진 쿠바를 건져 낼 수 있다고 믿었다. 체 게바라는 총알과 폭탄이 빗발치는 전쟁터에서 그것도 남의 나라인 쿠바의 민주주의 혁명을 위해 아낌없이 몸을 던져 싸웠다. 치열한 싸움 끝에 마침내 쿠바의 독재자 바티스타^{Fulgencio Batista}를 축출하는데 성공하였다. 쿠바의 새로운 역사가 시작되는 데 있어 체 게바라는 일등 공신이 되었다.

체 게바라의 공을 높이 산 피델 카스트로는 그를 산업부 장관에 임명하였다. 체 게바라는 이방인으로서 타국의 장관이 된 것이다. 그러나 체 게바라는 거기에 만족하지 않고 또 다른 일에 열정을 바치기로 결심한다. 쿠바 정부의 산업부 장관(1961~1964)을 역임한 그는 편안한 삶을 살 수 있는데도 고통과 억압받는 사람들을 위해 자신과는 아무 상관없는 나라의 국민들을 위해 자신의 힘을 쏟는 데 주저 하지 않았다.

체 게바라는 제3세계에 대한 미국의 영향력에 강력하게 저항하면서 카스트로 정권의 반미주의와 친 공산주의 노선을 적극 옹호하였다. 그는 1985년 분쟁 중에 있던 볼리비아로 잠입하여 반정부군 지도자가 되어 전쟁에 참여하였다. 그러던 중 볼리비아 정부군에 붙잡

혀 1967년 발레그란데 근처에서 총살되었다. 그의 나이 39세 때의
일이다.

체 게바라는 왜 그처럼 자신의 인생을 송두리 채 혁명을 위해 바
쳤을까. 그것도 자신의 조국 아르헨티나가 아닌 쿠바와 볼리비아,
그 밖의 나라를 위해서 말아다. 그것은 그가 자유와 평화를 소중히
하는 사람이었기 때문이다. 체 게바라는 천성적으로 타고난 박애주
의자였다. 이것이 그의 존재이유였으며 삶의 목표였던 것이다.

사람들은 그 누구나 자신에게 주어진 환경 속에서 편안히 살기를
원한다. 그러나 체 게바라는 안락하고 부가 보장된 삶의 길을 과감
히 벗어 던져버렸던 것이다. 체 게바라는 게릴라 전투에 대한 2권의
책을 썼는데, 책에서 그는 농민이 주동이 되는 혁명운동이야말로 후
진국의 살길이라고 주장하였다. 그는 뼛속 깊이 자유와 평화를 사랑
했다. 자유와 평화에 대한 그의 철저한 사상과 철학이 그를 더욱 위
대한 혁명가로 남게 했다.

체 게바라가 죽은 지 40년이 넘은 지금, 그것도 좌파니 반체제니 하
는 수식어가 필요 없는 세상에서도 그는 횃불이 되어 타오르고 있다.

『체 게바라 평전』은 한 인간의 열망이 얼마나 위대한 역사를 만들
수 있는 지를 잘 보여준다. 사람들은 대개 마음으로는 원하면서도
막상 실행을 하려고 하면 포기하는 경우가 많다. 그것은 자신감이
없어서 이다. 자신이 무엇을 하겠다고 결심을 하면 반드시 실행하는
적극적인 자세를 가져야 한다. 그렇지 않으면 그 어느 것도 해낼 수
없다.

예수님께서 이 땅에 오신 이유는 인간들이 자유와 평화를 누리며 행복하게 살아가도록 하기 위해서다. 물론 인간에게 사랑하며 살아가는 법과 구원을 하기 위한 궁극적인 목적이 있지만, 이것 역시 자유와 평화가 보장되었을 때에만 가능한 것이다.

예수님은 지나친 율법에 갇혀 있는 바리새인들과 서기관, 제사장들과 자주 부딪쳤다. 예수님은 율법보다도 사랑을 강조하였다. 율법은 구약시대에 하나님의 위대한 종인 모세에 의해 전해져 왔다. 그런데 문제는 지나친 율법으로 인해 인간의 존엄성이 위협받고 그로 인해 인간의 자유와 평화가 제한된다는 것은 큰 문제가 아닐 수 없다. 예수님은 바로 이것을 바로잡기 위해 오신 것이다. 철저한 율법주의자들인 바리새인과 서기관 제사장들은 안식일에 병자를 고치는 행위에 대해 이해할 수 없었다. 그것은 율법을 부인하는 행위라고 보기 때문이다.

그러나 예수님의 생각은 전혀 달랐다. 아픈 환자는 시간을 지체하면 안 된다. 자칫 목숨을 잃을 수도 있기 때문이다. 예수님은 바로 이점을 놓치지 않은 것이다. 그래서 예수님은 안식일에도 병자를 고쳐준 것이다. 이에 대해 불만을 갖고 있던 바리새인들은 사사건건 트집을 잡고, 예수님을 죽이기 위한 계략까지 세웠지만 예수님은 그것을 알고도 전혀 개의치 않았다. 그리고 안식일 날 밀밭 사이로 가던 제자들이 밀을 잘라 먹어도 예수님은 전혀 말하지 않았다. 이 일 또한 바리새인들에겐 좋은 논쟁거리였다. 바리새인들은 이에 예수님에게 항의 했지만 예수님은 다윗이 배고플 때 자신과 함께한 이들

과 같이 제사장만이 들어갈 수 있는 제단에서 전설병을 먹은 것을
예로 들어 말하며 자신은 안식일의 주인이라고 말했다.

하지만 바리새인들에게 예수님의 말씀은 허무맹랑한 소리로만 들
렸다. 그것은 바리새인들이 사랑과 자유, 평화보다도 율법을 더 중
히 여겼기 때문이다. 예수님은 자신은 율법을 폐하러 온 게 아니라 율
법을 완성시키러 왔다고 말한 것은 바로 사랑의 실천을 의미한다. 사
랑이 없다면 인간의 삶은 피폐하고 무가치 하다. 사랑은 인간이 살아
가는 존재의 이유이자 삶의 궁극적인 목적인 것이다. 그런데 한낱 율
법에만 얽매인다면 진정한 하나님의 사랑을 알지 못할 것은 뻔한 일
이다. 그래서 예수님은 이를 바로 잡고자 이 세상에 오신 것이다.

체 게바라는 한 인간으로서의 편안한 삶을 포기하고 민중을 위해
자신의 젊음을 바친 혁명주의자이며 박애주의자이다. 그의 삶이 빛
나는 건 다수를 위해 자신의 삶을 포기하고 자신의 목숨을 희생했다
는 데 있다. 또한 체 게바라는 무소유의 실천자이었기 때문이다. 그
는 인간을 사랑하고 자유와 평화를 위해 살았던 진정한 휴머니스트
이다. 여기서 우리는 중요한 사실을 깨닫게 된다. 그것은 체 게바라
의 삶은 예수님의 사상과 철학을 실천한 삶이라는 것이다. 그가 하
나뿐인 목숨을 두려워하지 않고 기꺼이 바칠 수 있었던 것은 바로
그 점에 의해서이다.

기독교인들은 하나님의 자녀들이다. 그러나 다 똑 같은 자녀는 아

니다. 사랑받는 자녀도 있고, 하나님 보시기에 잘못된 길을 가는 자
녀들도 있다,

　그렇다면 문제는 간단하다. 하나님의 사랑을 받는 자녀가 되어야
한다. 그러기 위해서는 하나님의 말씀을 따르며 하나님의 뜻대로 살
면 된다. 이런 의미에서 볼 때 『체 게바라 평전』은 기독교인이라면
반드시 읽어야 한다. 이 책을 읽고 나면 마음과 몸가짐이 달라지는
경험을 하게 될 것이다.

5 헌신적인 사랑
그 아름다움의 빛

_마지막 잎새

한 사람을 위해 자신의 목숨을 바친다는 것은 얼마나 아름답고 위대한 결행인가. 더구나 그것이 사랑하는 가족이 아닌 다른 사람이라면 더 말할 나위가 없을 것이다. 고귀하고 아름다운 사랑을 실천함으로써 전 세계인들에게 감동을 주었던 이수현의 희생정신이 바로 그것이다. 더구나 이수현은 우리나라와는 더 이상은 가까이 할 수 없는 일본인을 위해 자신을 희생했다는 것은 원수를 사랑하라는 예수님 말씀을 실천한 것과 다름없다고 하겠다.

헌신적인 사랑이 사람들의 마음을 감동시키는 것은 그런 사랑은 아무나 할 수 없는 것이기 때문이다. 그래서 자신을 희생하는 헌신적인 사랑은 높이 평가받는 것이다.

헌신적인 사랑을 잘 알게 해주는 책이 오 헨리의 『마지막 잎새』이다. 오 헨리는 15세 때부터 약국을 비롯해 여러 곳을 전전하며 일을 하였다. 그러던 그가 은행 출납계에서 일하던 중 공금을 횡령한 죄로 3년 넘게 감옥생활을 한다. 그런데 이 기간에 그의 인생은 새롭게 변화할 준비를 한다. 그는 감옥에서 10여 편이 넘는 단편을 썼던 것이다. 이를 계기로 출옥을 한 오 헨리는 본격적으로 단편을 쓰기 시작했다. 그리고 발표하면서 큰 인기를 끌며 인기작가가 되었다. 『마지막 잎새』는 오 헨리의 대표작이다.

　뉴욕의 그리니치빌리지에 무명 화가들이 모여들면서 예술가 촌이 형성될 무렵 이곳에 수와 존시는 3층 공동 화실에서 같이 작업을 하며 지냈다. 그런데 안타깝게도 존시는 폐병을 알게 되었다, 하루하루가 그녀에게는 힘든 생활이었다. 그녀의 친구인 수도 어떻기 해줄 수가 없었다. 존시는 아침에 눈을 뜨면 오늘 하루는 또 어떻기 보내야할까, 를 생각하며 시름에 잠겼다. 그 모습을 바라보는 수의 얼굴에도 검은 그림자가 길게 드리워졌다. 그 어떤 말로 위로를 한다고 해도 존시에게는 아무런 소용이 없었다. 앙상한 담쟁이덩굴의 줄기가 벽을 타고 올라오자 매일 이파리 숫자를 세는 게 일이었다. 이파리는 날마다 떨어져 내렸다. 이제 겨우 5개밖에 남지 않았다. 그런데 수는 저 이파리가 다 떨어지면 자신도 죽을 거라고 말했다. 그녀의 얼굴에서는 희망이라고는 찾아 볼 수가 없었다. 희망을 잃은 사람에게서나 볼 수 있는 초점 없는 눈동자에 누렇게 뜬 얼굴, 금방이라도 쓰러질 것 같은 걸음걸이가 고작이었다.

　의사는 희망을 가지라고 말했지만 존시에겐 무의미한 말처럼 들릴 뿐이었다. 그 사실을 들어 알고 있는 친구 수는 슬픈 표정에 사로잡혔다. 그녀는 존시에 대한 이야기를 아래층에 사는 역시 같은 무경의 화가인 베어먼 노인에게 말했다. 베어먼 노인은 수의 얘기를 듣고 자신이 잎새 그림을 그리기로 결심하고 그림을 그리기 시작했다. 그런데 그 날은 눈이 섞인 비가 밤낮으로 내렸다. 존시는 이제 나는 죽게 될 거야, 라고 생각하며 힘없이 창밖을 바라보았다. 밤새 눈비가 몰아치고 다음 날 아침 창문을 열었을 때 놀라운 일이 벌어졌다. 나뭇잎 하나가 그 모진 눈비를 맞으면서도 떨어지지 않고 버티고 있었던 것이다. 이에 희망을 가진 존시는 살아야겠다는 마음을 굳게 먹었다. 나뭇잎도 비바람을 이겨냈는데 사람인 자신이 병마를 이겨내지 못한다면 스스로에게 죄를 짓는 거와 같다고 생각한 것이다.

그런데 그 잎새는 베어먼 노인이 밤새도록 차가운 비바람을 맞으며 벽에다 그린 그림이었던 것이다. 베어먼 노인은 걸작을 남긴 체 이틀 후 폐렴으로 죽고 말았다. 베어먼 노인의 희생으로 존시는 다시 살아났다.

『마지막 잎새』는 단순한 스토리를 가진 소설이지만 생명의 존엄성과 타인을 위한 희생정신이 불러온 헌신적인 사랑이 얼마나 위대한 것인지를 잘 알게 한다.

사람들은 누구나 헌신적인 사랑이 왜 사람들을 감동하게 하는지를 잘 안다. 하지만 그것을 실천으로 옮기는 데는 주저한다. 왜냐하면 자신의 목숨이 달린 문제이기 때문이다.

우리 국민을 감동시키며 헌신적인 사랑의 가치를 잘 보여준 이태석 신부를 보자. 그는 어려운 가운데 의학공부를 하고 의사가 되었다. 잘 먹고 잘 살 수 있음에도 자신이 하고 싶은 일을 하기 위해 신학을 공부하고 신부가 되어 아프리카 남부 수단으로 갔다. 그는 수단 톤즈에 학교를 세우고 아이들에게 공부를 가르치고, 악기를 가르쳐 밴드부를 만들어 아이들에게 희망을 심어주었다. 그는 에이즈 환자와 한센 병 환자들을 찾아가 치료하고 그들의 친구가 되어주었다. 톤즈 사람들은 그를 진정한 친구라고 생각하였다. 그러나 이타석 신부는 안타깝게도 대장암으로 숨지고 말았다. 그가 죽었다는 소식을 듣고 슬퍼하며 울던 톤즈 사람들의 모습은 진정한 친구를 잃었을 때나 보일 수 있는 깊은 슬픔 그 자체였다. 피부 색깔이 다르고, 문화가 다르고 전통이 다르고, 생활습관이 다르고, 관습이 다르고, 먹는 것 입는 것 모든 것이 달랐지만 '사랑' 이라는 존엄성의 가치는 서로의 가슴을 따뜻하게 만들어주었던 것이다.

몇 해 전 진한 감동을 우리 국민들에게 남기고, 고국 오스트리아로 돌아간 마가렛, 마리안느 수녀. 그녀들은 꽃다운 20대에 조국 오스트리아를 떠나 우리나라에 왔다. 그리고는 무려 50년 동안 사랑과 봉사를 실천하며 살아있는 천사로 불리었다. 그녀들이 낯선 한국 땅에서 평생을 헌신한 것은 자신들이 믿는 종교적 신념에 의한 선택이었지만, 자신들이 어떻게 살아야 하는지를 잘 알았던 까닭이다. 그녀들의 사랑이 더욱 아름답고 고귀한 것은 가족들도 꺼리는 한센 병 환자들을 위해 50년 세월을 소록도에서 보낸 것이다.

1960년대의 우리나라는 그야말로 가난한 나라 그 자체였다. 더구나 의술도 발달하지 못했던 그런 시기에, 낯선 나라 환자들을 위해 젊음을 바치며 산다는 것은 쉬운 일이 아니다. 그런데 그녀들은 그 험한 길을 헌신과 사랑으로 봉사해 온 것이다.

그녀들이 한 일은 단순히 환자를 간호하는 일만이 아니었다. 약품과 지원금을 후원받기 위해 노력했고, 외국 의료진을 초청해 장애를 가진 환자의 교정 수술을 하고, 물리치료기를 도입하여 환자들이 사용하는 데 불편함이 없도록 했다. 또한 정부에서도 하지 않는 한센병 환자의 자녀들을 위한, 영유아원을 설립하여 운영하고 보육과 자활사업을 도왔다.

그녀들은 날마다 5시에 일어나 환자들을 돌보는 일로 시간을 보내느라 방에는 그 흔한 텔레비전도 없었다. 오직 철저한 종교적 신념과 헌신으로 검소하게 생활했고, 사랑을 실천하였다.

일흔이 넘도록 자신의 모든 것을 다 바친 마가렛, 마리안느 수녀. 그녀들은 평생 숭고한 일을 하고도 그 어떤 대가도 바라지 않았다. 정부에서 추서하겠다는 훈장도 그 어떤 상도 거절하였다. 그리고 주변 사람들에게 폐가 된다하여 조용히 한국 땅을 떠났다.

이태석 신부나 마가렛, 마리안느 수녀가 보여준 사랑은 자기희생이 없이는 절대 할 수 없는 일이다. 그랬기에 그들은 많은 사람들의 눈시울을 붉게 만들었고, 감동을 넘어 전설 같은 이야기가 되었던 것이다.

"진정한 사랑의 불가결의 조건은 희생적인 헌신, 남의 행복을 제 것인 양 추구하는 것이다."

이는 뒤파유가 한 말로써 진정한 사랑의 가치가 무엇인지를 잘 보여준다고 하겠다. 또한 공자는 다음과 말했다.

"때때로 줄기만이 자라고 꽃이 피지 않는 때가 있다. 또 꽃만 피고 열매가 열리지 않는 때가 있다. 진실이란 것을 알고 있는 사람은 진실을 사랑하고 있다고 말해도 좋다. 그러나 진실을 사랑한다고 해도 사랑함으로써 진실을 행하고 있다고는 말할 수 없는 것이다."

공자의 말은 진실을 사랑한다고 해도 사랑으로 그 진실을 보여주지 못하면 그것은 진실한 사랑이라고 할 수 없음을 의미한다. 즉, 진실한 사랑의 실천에서 삶은 진실해지는 것이다.

오 헨리의 『마지막 잎새』에서 자기를 희생함으로써 존시를 살린 베어먼 노인의 사랑은 종교적 신념에서도 아니고 어떤 대가를 바라서도 아닌 오직 타인을 생각하는 순수한 마음에서 비롯된 것이다. 그것은 공자가 말한 것이나 뒤파유가 말한 것처럼 오직 진실을 위한 헌신적인 사랑에서 실행된 것이다.

지금 우리 사회는 치열한 경쟁으로 인해 타인의 존엄성에 대해 도외시 하는 경우가 많다. 자신의 이익을 위해서라면 물불을 가리지 않으면서도 남의 일엔 지독하게도 냉정하다. 이는 나와 너, 나와 우리라는 관계가 자연스럽게 이어지지 못하고 이해관계로 얽혀있기 때문이다. 이런 인간관계에서는 절대적으로 헌신적인 사랑을 실천할 수 없다. 따라서 우리 사회가 따뜻하고 행복한 사회가 되기 위해

서는 나와 너를, 나와 우리라는 관계를 이익 개념이 아닌 공동개념
으로 받아들이는 자세가 필요하다.
　『마지막 잎새』는 그런 의미에서 기독교인들에게 '진정한 사랑이
란 무엇인가'에 대해 바른 가치관을 갖게 하는 훌륭한 교과서라고
해도 좋을 것이다.

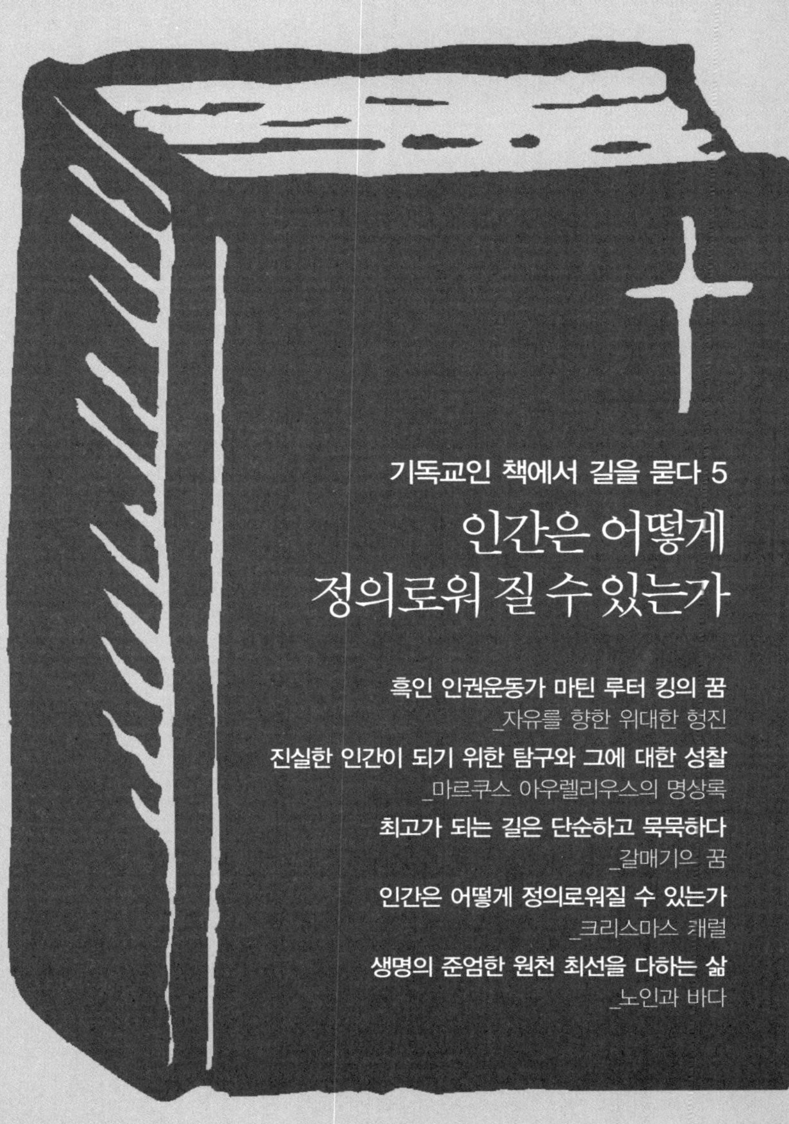
기독교인 책에서 길을 묻다 5

인간은 어떻게
정의로워 질 수 있는가

흑인 인권운동가 마틴 루터 킹의 꿈
_자유를 향한 위대한 헝진
진실한 인간이 되기 위한 탐구와 그에 대한 성찰
_마르쿠스 아우렐리우스의 명상록
최고가 되는 길은 단순하고 묵묵하다
_갈매기으 꿈
인간은 어떻게 정의로워질 수 있는가
_크리스마스 캐럴
생명의 준엄한 원천 최선을 다하는 삶
_노인과 바다

1 흑인 인권운동가
마틴 루터 킹의 꿈
_자유를 향한 위대한 행진

인간은 누구나 평등하다. 이것은 하나님이 인간에게 부여한 고유의 권한이자 권리이다. 얼굴이 희던, 누렇던, 검던 모두가 하나님 안에서는 다 똑같은 피조물이다. 그런데 얼굴색이 검다고 흑인들은 가는 곳곳마다 백인들에게 무시당하고 서러움을 겪어야 했다. 흑인들이 겪었던 많은 이야기들이 책을 통해서 전해져 오고 있다.

과거의 미국인들에게 있어 흑인들은 사람이 아니라 한낱 사람모습을 한 동물에 불과했다. 그들을 드넓은 목화농장에 흑인들을 풀어놓고 하루 종일 일을 시켰다. 아파도 약하나 주지 않고, 엄살을 피운다고 채찍으로 내리쳤다. 살갗이 터져 피가 흘러도 치료는커녕 죽게 내버려뒀다. 인간의 존엄성과 인격은 찾아볼 수 없었다. 흑인은 백인들을 위해 존재하는 일꾼이자 몸종이었다. 이를 가슴 아프게 생각하며 반인륜적인 행위로 여기던 아브라함 링컨은 많은 사람들의 반대에도 불구하고 위험을 감수하면서까지 노예를 해방시켰다. 링컨은 노예를 해방시킴으로써 전 인류에게 영원한 존경을 받는 인물이 되었다. 물론 그 일로 인해 하나뿐인 목숨을 잃어야했지만 그랬기에 그가 행한 업적은 빛나는 역사가 되었다.

미국에서 흑인들의 인권탄압은 오랜 세월 지속되었다. 링컨이 목숨을 바쳐 노예를 해방시켰지만 일부 백인들은 그런 일엔 아랑곳 하지 않았다. 1900년대에 들어서도 흑인에 대한 탄압은 그칠 줄을 몰랐다. 이를 보다 못한 흑인 목사가 목숨을 걸고 인권 운동에 헌신하였다. 그의 이름은 마틴 루터 킹이다.

『자유를 향한 위대한 행진』은 이런 마틴 루터 킹의 사상과 철학, 신념과 의지를 잘 담아낸 책이다. 이 책에 대해 설명하기 전 킹이 어떤 사람인지를 먼저 안다면 이 책을 이해하는데 많은 도움이 될 것이다.

마틴 루터 킹은 3대째나 내려오는 침례교회 흑인 목사의 아들로 태어나 가난한 어린 시절을 보냈다. 지금은 많이 좋아졌지만 그 당시에는 흑인들에 대한 백인들의 인권유린이 지나쳐 그는 어린 시절부터 흑인을 그 고통으로부터 탈출시켜야 한다는 흑인 해방을 꿈꾸었다. 그러기 위해서는 배워야 한다는 굳은 신념을 갖게 되었고, 배움에 대한 실천으로 그는 열심히 공부하여 1955년 보스턴 대학에서 신학박사 학위를 받았다. 킹은 이에 만족하지 않고 열심히 공부하여 하버드 대학에서 철학박사 학위를 받았다. 공부에 대한 그의 집념은 집착에 가까울 만큼 열성적이었다. 그리고 그는 침례교 목사가 되었다.

　마틴 루터 킹이 공부에 열정을 가진 것은 자신을 위한 것이기도 했지만, 그 이면에는 자신의 마음속 가득 꿈으로 피어있던 흑인들의 인권을 찾아야겠다는 강한 신념이 작용했기 때문이다.

　킹은 비폭력 저항과 인종차별 철폐 및 식민지 해방 등을 펼친 간디의 사상에 깊은 영향을 받았다. 목사가 되어 활동하던 그는 ‘몽고메리 시에서 운영하는 버스에 흑인은 탈 수 없다’는 규칙에 반대하는 운동을 벌이며 본격적으로 흑인 인권운동에 뛰어들었다. 이른바 ‘몽고메리 버스 보이콧 투쟁’을 시도하였던 것이다. 모든 노력을 기울여 투쟁한지 1년 후인 1956년에 승리를 거두었다.

　그 후 그는 그리스도교 지도회의를 결성하고, 인종차별을 반대하는 투쟁을 지도하였다. 그로인해 수차례나 투옥되었지만 그는 굴하지 않고 계속해서 인권운동을 펼쳐나갔다. 이 일은 결국 존 F. 케네디 대통령의 민권법안 통과의 계기가 되었다.

　이 일로 그는 흑인들에게 가슴 벅찬 희망을 안겨주었다.

　킹은 자신의 개인적인 삶엔 관심이 없었다. 그의 마음을 지배하는 하는 것은 온통 흑인들의 인권을 찾기 위한 일념 그 자체였으니까.

　목숨을 건 그의 헌신적인 흑인 해방운동은 전 세계인에게 깊은 감동을 불러일으켰다. 그는 이 일로 1964년에 노벨평화상을 수상하였다.

　킹은 깊은 종교적 믿음과 신념을 갖고 있었다. 그의 이런 믿음과 신념은 그 어떤 압박과 억압에도 두려워하지 않게 하는 원천이었다. 그러나 안타깝게도 그는 암살로 인해 죽음을 당했지만, 그의 죽음은 또 다른 흑인 인권운동의 기폭제가 되었고, 그래서 그의 죽음은 더욱 숭고하다.

킹은 몽고메리 버스 보이콧 투쟁에 관하여 쓴 『자유를 향한 위대한 행진』, 『우리 흑인은 왜 기다릴 수 없는가』, 『흑인이 가는 길』 등의 저서를 남겼다.

킹의 저서는 오직 흑인들에 대한 꿈과 희망을 말했고, 그것은 압박과 핍박으로부터 벗어나는 것임을 잘 보여준다.

한 사람의 힘이 얼마나 위대하다는 것은 수많은 역사를 통해 증명되었음을 잘 알 수 있다. 한 사람의 위대한 영혼은 수많은 사람들을 희망으로 이끌어주는 강한 에너지를 발산한다.

마틴 루터 킹의 고귀한 삶은 수많은 흑인들에게 희망을 안겨주었고, 자유와 평화를 선물했다. 킹이 가고 없는 지금도 그는 흑인들의 영원한 우상으로 남아있다. 뿐만 아니라 그는 미래의 흑인들에게도 푸른 하늘에 우뚝 솟은 태양처럼 빛날 것이다.

마틴 루터 킹은 '나에게는 꿈이 있습니다' 라는 연설로도 유명한데 이 연설에는 자유와 평화에 대한 열망이 풋풋하게 살아 숨 쉰다. 다음은 킹의 열망을 잘 알게 하는 연설문이다.

"나에게는 꿈이 있다. 나는 오늘 남부로 돌아가지만 절망을 안고 돌아가는 것은 아니다. 나는 오늘 남부로 가지만 우리가 탈출구가 보이지 않는 캄캄한 감옥에 갇혀 있다고 생각하지 않는다. 나는 우리를 향해 새날이 오고 있다는 믿음을 갖고 돌아간다.

나에겐 지금 꿈이 있다. 그것은 아메리칸 드림에 품은 깊은 꿈이다.

나에겐 지금 꿈이 있다. 어느 날 조지아에서 미시시피와 앨라배마에 이르기까지 그 옛날 노예의 아들딸들이 옛날 주인인 백인의 아들딸들과 함께 형제처럼 살게 되는 꿈이다.

나에겐 지금 꿈이 있다. 어느 날 백인 어린이와 흑인 어린이가 형제자매처럼 사이좋게 살게 되는 꿈이다.

(중략)

나는 지금 꿈을 가지고 있다. 인간이 모두 형제가 되는 꿈이다. 나는 이런 신념을 가지고 나서서 절망의 산에다 희망의 터널을 뚫겠다. 나는 이런 신념을 가지고 여러분들과 함께 나서서 어둠의 어제를 밝음의 내일로 바꾸겠다. 우리는 이런 신념을 가지고 새날을 만들어 낼 수 있다.

하나님의 모든 아이들이 흑인이건, 백인이건, 유대인이건 비 유대인이건, 개신교도이건, 가톨릭교도이건, 손을 잡고 "자유가 왔다! 자유가 왔다! 하나님, 감사합니다." 하고 흑인 영가를 부르는 날을 만들 수 있다."

이 연설문엔 흑인들의 진정한 자유와 평화를 찾아야 한다는 열망이 뜨겁게 불타오르고 있다. 그가 떨리는 목소리로 연설하던 모습이 생각난다. 그의 간절한 열망은 뉴스를 타고 전 세계에 보도되었다. 많은 사람들이 그의 열망에 감동했고, 흑인들도 인간답게 살아야 한다는 그의 말에 아낌없는 용기와 격려를 보내주었다. 그리고 결국은 민권법안이 통과됨으로써 흑인도 차별받지 않고 백인들과 동등한 권리를 가짐은 물론 자유와 평화를 맘껏 누릴 수 있는 권리를 부여 받았다.

『자유를 향한 위대한 행진』은 왜 인간은 평등한가에 대한 논리와 흑인들도 하나님으로부터 똑 같은 인권을 부여 받은 존재자라는 것을 명쾌하게 밝히고 있다. 그리고 자유와 평화를 찾기 위해서는 죽기를 각오해야 한다는 결연한 의지가 물결쳐 흐른다.

예수님이 활동하던 시기 바리새인들이나 서기관, 제사장들은 유대인이 아닌 종족에 대해서는 상대할 가치를 두지 않았다. 유대인외에 이방인들과 접촉하는 것을 금기시 하였다. 그것은 유대인인 자신들은 하나님으로부터 선택받은 민족이라는 이유에서다. 그러나 이는 하나님의 말씀에 위배되는 것일 뿐이다. 이를 바로잡기 위해 예수님은 온갖 핍박과 죽음을 무릎 쓰고 하나님의 뜻을 관철시켰던 것이다.

사람이 사람을 무시하고 억압하고 차별한다는 것은 무서운 죄악이다. 사람과 사람은 서로 사랑하고 협력하여 ‘선’을 이루어야 한다. 그것이 하나님이 인간을 창조한 이유이다.

마틴 루터 킹은 인간의 참 모습을 잘 보여 준 진정한 인권론자였다. 그가 하나님의 뜻대로 실천한 것처럼 하나님의 자녀이자 백성인

기독교인들은 이점을 가슴 깊이 새겨 실천하는 데 소홀함이 없어야

하겠다.

기독교인들은 이점을 가슴 깊이 새겨 실천하는 데 소홀함이 없어야

하겠다.

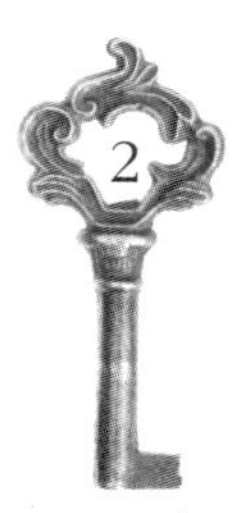

2 진실한 인간이 되기 위한 탐구와 그에 대한 성찰

_마르쿠스 아우렐리우스의 명상록

진실한 인간이 되기 위한 탐구는 인류가 지구상에 존재한 이래로부터 지금까지 끊임없이 지속되고 있다. 인간의 삶에서 '진실'이란 것은 불가분의 관계에 놓여 있기 때문이다. 예수님은 사랑의 실천으로 진실에 이르는 길을 가르쳤다. 오늘날 전 세계적으로 10억이 넘는 크리스천이 존재한다. 이 모두가 예수님의 가르침의 씨앗이 전파됨으로 비롯되었다. 물론 '구교'라고 일컫는 가톨릭 또한 예외는 아니다. 예수님의 12제자 중 수제자였던 베드로는 제1대 교황으로 예수님의 가르침을 실천에 옮겼다는 것은 기독교인이라면 누구나 아는 사실이다.

종교적인 문제를 떠나 많은 철학자와 사상가들 또한 진리에 이르는 문제에 대해 끊임없이 탐구하였다. 소크라테스, 플라톤, 아리스토텔레스, 탈레스, 에픽테토스를 비롯한 수많은 서양의 철학자들과 공자와 맹자, 장자, 노자를 비롯한 동양의 사상가와 김종직, 이황, 이이 등 조선시대를 지나 현재에 이르기까지 인간이 존재하는 곳은 시대와 장소를 떠나 늘 탐구가 지속되었다. 이는 '진리' 속에 거할 때 인간의 진정한 자유와 이성, 그리고 평화와 사랑이 빛을 발하고 발전할 수 있다고 믿기 때문이다.

많은 동서양의 철학자와 사상가들 중『마르쿠스 아우렐리우스의 명상록』에 대해 살펴보고자 한다. 우선 마르쿠스 아우렐리우스는 어떤 인물인지에 대해 알아보자.

마르쿠스 아우렐리우스는 로마제국의 16대 황제이자 스토아학파의 철학자였다. 그는 양심적이고 진리에 이르기 위해, 한 인간으로서 거듭나기 위한 탐구와 성찰을 위해 열정을 다 바쳤다. 최고의 권력을 가진 황제였지만 그 역시 사람이기에 고뇌로부터 자유롭지 못했다. 그는 집무 중에도 전쟁터에서도 늘 사색하며 진실에 이르는 길을 찾고자 부단히 노력한 지성과 인품을 지닌 철학자였다.

『마르쿠스 아우렐리우스의 명상록』은 총 12권으로 구성되었다. 각 권의 주요 내용을 살펴봄으로써 이 책에 대한 이해를 높이고자 한다.

다음은 1권의 주요 내용이다.

"나는 할아버지 베루스에게서 고상한 품행과 격정에 휘둘리지 않는 온화함을 배웠다."

"아버지 안니우스 베루스에 대한 기억과 평판으로부터 겸손과 사내다운 기백을 길렀다."

"어머니에게는 신에 대한 경건한 마음과 남을 위한 봉사와 나쁜 행동
만이 아니라 나쁜 생각까지도 삼가야 한다는 것은 배웠다. 또한 부유
한 생활에 빠져들지 말고 검소해야 한다고 배웠다."

1권은 마르쿠스 아우렐리우스가 한 인간으로 살아갈 수 있도록 부
모와 형제, 친척과 친구를 맺게 해준 신에 대한 감사로 구성되었다.

2권의 주요 내용이다.

"외부에서 닥쳐오는 온갖 복잡한 일이 당신의 마음을 어지럽히는가. 그
렇다면 우왕좌왕하지 말고 새롭고 선한 일에 차분히 생각할 시간을 갖
도록 해야 한다. 그러나 전혀 다른 길로 끌려가서는 안 된다. 지나치게
여기저기 돌아다니며 자신의 삶을 피곤하게 하고, 모든 행동에 이렇다
할 목적이 없는 것이야말로 어리석은 사람의 모습이기 때문이다."

"다른 사람의 마음속에서 무슨 일이 일어나고 있는지에 무관심하다고
불행해지지는 않는다. 그러나 자신의 마음속 움직임에 주의를 기울이
지 않는 사람은 불행해질 수밖에 없는 것이다."

2권은 이성의 중요성에 대해 말한다. 이성이란 진리에 이르는 창

구와도 같다. 깨달음을 통해 새로운 깨달음을 얻고, 또 그 깨달음으로 또 다른 깨달음을 얻게 하는 것이 이성이다. 이성이 마비되면 인간은 제대로 된 인간으로서의 삶을 구현할 수 없다.

다음은 3권의 내용이다.

"더 훌륭한 인간이 되고자 노력하는 사람이야말로 신의 사제요, 신의 종이다. 그는 내면에 깃들어 있는 신성에 귀 기울임으로써 쾌락에 의해 더럽혀지지 않고 어떠한 고통에도 상처받지 않으며 어떠한 모욕에도 해 입는 법이 없다."

"공익을 위해서가 아닌 이상 다른 사람의 일에 신경쓰느라 여생을 낭비하지 말라. 그 사람은 왜 그런 일을 하는 것인가, 무엇을 생각하고 무슨 말을 하고 있는가, 무엇을 계획하고 있는가 등 온갖 잡념으로 이성을 어지럽히게 되면 정작 다른 중요한 일을 할 수 있는 기회를 잃게 된다. 따라서 뚜렷한 목적도 없이 괜한 호기심이나 심술에서 비롯된 해가 되는 생각을 지워버려야 한다. 항상 마음을 깨끗이 해서 누군가가 '지금 당신은 무슨 생각을 하는가?' 라고 갑자기 묻더라도 주저 없이 솔직하게 대답할 수 있도록 하라."

3권은 훌륭한 인간이 되기 위해 노력을 기울여야 하는 이유와 자세에 대해 말한다. 이런 사람은 사제이며 신의 종이라 할 수 있다는

것이 마르쿠스 아우렐리우스의 생각이다. 그리고 이런 사람이야말로 그 어떤 격정에도 휘둘리지 않는 정의가 마음깊이 가득 차 있다고 말한다.

다음은 4권의 주요 내용이다.

"절대로 감정에 휩쓸려 벗어나지 마라. 충동이 일어날 때면 먼저 그것이 정의에 맞는 것인지 생각해보라. 무슨 일이 일어나든 그것은 반드시 우주의 필연성에서 온 것임을 명심해야 한다."

"당신은 이성을 갖고 있는가. 갖고 있다면 왜 당신은 이성을 활용하지 않는가. 만약 당신의 이성이 자신의 본분을 다하고 있다면 더 이상 무엇을 바라겠는가."

4권은 인간이 살아가면서 잘못된 일로 혼란을 겪거나 불미스러운 일을 겪게 될 때는 이성적이지 못하고 감정적으로 해결하려고 하기 때문이다. 이에 마르쿠스 아우렐리우스는 말하기를 충동이 일어날 때는 그것이 정의에 맞는 것인지를 먼저 생각해보라고 조언한다. 그렇다. 사람들은 대개 감정에 치우치면 충동적으로 변한다. 그리고 감정이 시키는 대로 말하고 행동하는 경향이 있다. 충동적인 감정에 치우치지 않기 위해서는 이성적으로 생각해야 한다. 이성은 감정이 일으키는 충동적인 말과 행동을 제어시키는 언행의 브레이크이다.

『마르쿠스 아우렐리우스의 명상록』은 앞에서 말했듯 12권으로 이루어졌는데, 주요 내용 소개는 1권에서 4권까지만 설명하기로 한다. 이 책에 관심을 갖고 읽기를 바란다면 1권에서 12권까지 정독하라. 정독을 하고 나면 몸과 마음이 맑아지는 것을 느끼게 될 것이다.

마르쿠스 아우렐리우스는 인간이 진실에 이르는 길은 인간이 인간으로서의 정도에서 벗어나지 않는 일이라고 말하며 신의 가르침에 따라 이성적으로 생각하고 행동하라고 말한다. 이에 기독교인들은 그의 조언을 겸허히 받아들일 필요가 있다. 그렇게 할 수 있다면 진실에 이르는 길을 걸어가는데 큰 도움이 될 것이다.

마르쿠스 아우렐리우스는 권력자 중의 권력자인 로마제국의 황제였다. 그는 권력의 맛에 길들어져 자기 맘대로 권력을 휘둘러 댔던 여타의 황제와는 확연히 달랐다. 그는 이성적이며 인간적이었다. 그랬기에 그는 지금까지도 살아있는 역사로 기록되어 있다. 그래서 그의 말은 설득력이 있고 하나의 경전처럼 읽히고 있는 것이다.

진실한 인간이 되기 위한 탐구는 계속되어야 한다. 이는 인간이 우주에 존재하는 한 영원불변의 법칙이다. 『마르쿠스 아우렐리우스의 명상록』은 그런 관점에서 볼 때 필히 읽어야 할 필독서이다.

최고가 되는 길은
단순하고 묵묵하다

_갈매기의 꿈

자신이 좋아하는 일에 미친 듯이 열정을 갖고 한다는 것은 아름다운 일이다. 그것이 배움이던 일이던 그 어느 것이라 할지라도 열정을 쏟는 일은 누구에게나 감동을 준다. 자신의 분야에서 최고가 된 사람들에겐 한 가지 공통점이 있는데, 그것은 남을 의식하지 않고 자신이 좋아하는 일에 목숨을 건다는 사실이다. 어떻게 보면 무모해 보일 때도 있지만 단순하고 묵묵한 것이야말로 최고가 되는데 있어 가장 필요한 방법이라고 할 것이다.

그러나 대개의 사람들은 이 방법에 대해 대수롭지 않게 생각하고 또 그렇게 하는 사람들을 미련스럽다고 말한다. 정작 미련스러운 사람은 자신이라는 것을 모른 채 말이다. 단순하고 묵묵한 것은 답답해 보일 수도 있다. 하지만 그것은 최선으로 나아가는 가장 확실한 방법이라는 사실이다. 이를 잘 알게 하는 책이 있는데 그것은 미국의 작가 리처드 버크가 쓴 『갈매기의 꿈』이다.

리처드 버크는 공군조종사였지만 늘 그의 가슴 속엔 글을 쓰고 싶다는 욕망이 자리하고 있었다. 그는 자신의 이런 마음을 주체할 수 없어 1963년『지상의 이방인』을 발표함으로써 작가의 길로 접어들었다. 하지만 그는 무명작가에 지나지 않았다. 리처드 버크는 1970년『갈매기의 꿈』을 발표하였다. 그리고 마침내 인기작가의 반열에 올랐다. 갈매기의 꿈은 작가가 되고 싶은 자신의 욕망을 간접적으로 표현한 작품이라고 해도 좋을 듯하다.

『갈매기의 꿈』에는 주인공 갈매기인 조나단을 비롯한 많은 갈매기들이 등장한다. 다른 갈매기들은 먹는 것과 먹기 위해 사냥을 하는 것에 열중한다, 하지만 조나단은 나는 일에만 관심을 기울인다. 조나단의 그런 행동은 다른 갈매기들에겐 아무런 가치도 없는 그저 헛된 일처럼 보였다. 그래서 갈매기들은 조나단을 보고 비난을 해댔다. 아무짝에도 쓸데없는 짓을 한다는 게 갈매기들의 생각이었다. 심지어 어떤 갈매기는 잘난 체를 한다고 까지 했다. 그러거나 말거나 조나단은 전혀 개의치 않았다. 자신의 마음을 알지도 못하고 떠들어 대는 갈매기들과 맞설 필요를 느끼지 못했다. 오직 나는 일만이 전부인 양 푸르른 창공을 향해 힘찬 날개 짓을 해댔다. 조나단은 하늘을 나는 것이 좋았다. 높이 날아오를수록 희열을 느꼈다. 그 희열은 느껴보지 않으면 그 맛을 알 수 없을 정도로 조나단의 마음을 사로잡았다. 한참을 날고 나면 온몸에서 새로운 에너지가 솟아났다. 날아갈수록 조나단은 더 멀리 더 높이 날아올랐다. 다른 갈매기들은 여전히 시큰둥한 표정으로 조나단을 못마땅하게 생각했다.

그런데 뜻밖의 일이 벌어졌다. 어린 갈매기들이 조나단을 따라서 나는 연습을 하기 시작했다. 누가 시킨 일도 아니지만 어린 갈매기들에게 조나단의 행동이 감동을 주었던 것이다. 조나단은 자신을 따라서 날개 짓을 하는 어린 갈매기들의 모습에 흐뭇함을 감추지 못했다. 오랜 날기 연습 끝에 조나단은 세상에서 가장 멀리 가장 높이 나는 최고의 갈매기가 되었다.

『갈매기의 꿈』은 배움의 중요성에 대해 잘 알게 한다. 아무것도 배우지 않으면 다음의 삶도 지금의 삶과 다를 바가 없다. 앞으로 나아가지 못하고 정체 되는 삶은 스스로를 구렁텅이로 몰아넣는 것과 같다. 왜냐하면 그런 삶은 비생산적이고 비창조적이기 때문이다. 지금과 다른 삶을 살고 싶다면 지금과는 다른 방법으로 최선을 다해야 한다. 조나단을 비웃었던 갈매기들은 지신들과 다른 삶을 사는 것을 보고 자신들이 얼마나 무지했는지를 알았을 것이다.

우리의 삶도 마찬가지다. 남과 다른 길을 걸으며 자신만의 길을 가는 사람들은 때론 조롱을 받기도 하고, 미친 사람 취급을 받기도 한다. 그들이 지향하는 일이 일반적인 일과는 너무도 동떨어진 일이라고 여기기 때문이다.

그런데 그러한 보편적인 생각이 자신을 옭아매어 더 이상 발전할 수 없도록 가로막는다는 사실이다. 이런 생각을 깨트리지 않는 한 답보상태를 벗어날 수 없다. 새로운 것은 언제나 새로운 생각에서 만들어진다.

갈릴레이 갈릴레오가 천동설을 부인하고 지동설을 주장하였을 때 많은 사람들은 그를 정신병자로 취급했다. 특히 가톨릭 사제들은 그의 주장을 악마의 가르침에 따른 것이라고 강하게 반대하였다. 지구가 자전을 한다는 것은 사제들이나 사람들에겐 충격적인 이야기이기 때문이다. 그러나 갈릴레오는 자신의 주장을 굽히지 않았다. 그러자 교황청에서는 갈릴레오를 체포하라는 명을 내렸다. 갈릴레오는 감옥에 갇히게 되었다. 그는 감옥에 갇혀서도 자신의 주장을 굽히지 않았다. 이에 그를 처단하기 위한 종교재판이 열렸고 부인을 하면 살려주겠다는 판사의 말에 그는 할 수 없이 자신의 생각이 잘못되었다고 거짓을 말했다. 그러나 재판장을 걸어 나오던 갈릴레오는 "그래도 지구는 돈다"는 유명한 말을 남겼다.

우리는 여기서 자신의 연구를 증명해보이려고 목숨까지 거는 과학자의 참모습을 볼 수 있다. 갈릴레오의 생각은 그 당시의 사람들에겐 말도 안 되는 어처구니없는 일이었다. 하지만 갈릴레오의 생각은 옳았다. 남과 다른 길을 걸어갔던 갈릴레오는 갈매기 조나단과 같다고 하겠다. 그랬기에 그의 학설은 변함이 없고 오래도록 인류에게 기억될 것이다.

40대 초반에 세계 굴지의 자동차 회사인 포드의 사장이 되어 8년 동안이나 자신의 꿈을 실현한 리 아이아코카. 그런데 그가 아무런 잘못도 없이 헨리 포드 2세에 의해 쫓겨나고 말았다. 리 아이아코카는 억울하고 분했지만 포드자동차를 그만두고 말았다.

그러던 어느 날 리 아이아코카는 크라이슬러사로부터 최고 경영자로 와달라는 제의를 받았다. 당시 크라이슬러사는 매우 어려운 지경에 놓여있었다. 리 아이아코카를 잘 아는 사람들은 왜 무덤 속으로 뛰어들려고 하느냐며 만류하였다. 혹여 잘못되기라도 하면 그동안 쌓아온 명성이 하루아침에 무너진다는 이유에서다. 그러나 리 아이아코카의 생각은 달랐다. 남이 이뤄놓은 탄탄 곳도 좋겠지만 어려운 회사를 일으켜 세움으로써 자신의 능력을 새롭게 인정받고 싶었던 것이다. 그런데 그것은 다른 사람들에 대해서가 아니라 자신 스스로에게 능력을 평가받고 싶어서이다. 결심을 굳힌 리 아이아코카는 최고의 경영자가 되어 크라이슬러사의 문제점부터 파악하였다. 그리고 과감하게 문제점을 개선해나갔다. 또한 새로운 자동차를 출시하는데 노력을 다한 끝에 성공함으로써 쓰러져가는 회사를 흑자로 만들었다. 이에 미국 국민들은 리 아이아코카의 능력에 감동하였고 그를 차기 대통령후보로까지 거론할 정도였다.

리 아이아코카가 성공할 수 있었던 것은 남들과 다른 자신만의 생각으로 시도하였기 때문이다. 만일 그가 화려했던 과거에 매달려 집착했다면 어떻게 되었을까. 그는 자신의 뛰어난 능력을 실험해 볼 수 있는 기회를 영원히 놓침은 물론 미국국민들로부터 열화와 같은 지지를 받지는 못했을 것이다.

우리는 여기서 한 가지 분명한 사실에 대해 알아야 한다. 갈릴레이 갈릴레오와 리 아이아코카는 지금과는 다른 새로운 생각으로 자신의 꿈을 이뤄냈다는 사실이다. 갈릴레이가 죽음이 두려워 자신의 학설을 포기했다면 지금의 지동설은 그가 아닌 다른 과학자의 학설로 남았을 것이다. 또한 리 아이아코카가 크라이슬러사에 가서 실패를 하여 그동안 쌓아올린 자신의 명성이 무너질 것을 염려했다면 어떻게 되었을까.

그러나 리 아이아코카는 새로운 마음가짐으로 새로운 회사에서 새롭게 자신의 능력을 펼쳐 보임으로써 자신의 선택이 옳았음을 증명해 보였다.

예수님은 새 술은 새 부대에 담으라고 했다. 새 술을 낡은 부대에 담으면 맛이 변질될 수도 있다. 그리고 부대가 낡은 까닭에 술이 틈 사이로 새어나갈 수도 있다. 지금과 다른 혹은 남과 다른 것을 한다는 것은 새 술을 새 부대에 담는 것과 같다.

기독교인들은 이 말을 마음깊이 새겨야 한다. 매일 똑 같은 기도, 똑 같은 신앙생활로는 더 이상 믿음의 발전을 끌어낼 수 없다. 기도도 좀 더 구체적으로 하고, 주제를 바꾸어가며 할 때 더 잘하게 되고 하나님의 마음에 들게 할 수 있다. 그렇게 될 때 자신이 간구하는 기도의 응답을 받게 될 것이다. 하는 일마다 잘 되는 기독교인들은 생활 자체가 다르다. 그들은 늘 지금이라는 현재보다는 내일이라는 미래를 향해 가기를 원한다. 그런데 지금과 같은 믿음으로는 더 나은

미래로 나아갈 수 없다. 이를 잘 아는 그들은 새로운 생각을 하고, 새로운 기도를 하고, 새롭게 믿음 생활을 해 나간다. 지금과 다르지 않으면 내일 역시 지금과 같다는 것을 잘 아는 까닭이다.

"날마다 오늘이 그대의 마지막 날이라고 생각하라. 날마다 오늘이 그대의 첫날이라고 생각하라."

『탈무드』에 나오는 말로써 날마다 새로운 오늘을 살아야 한다는 것을 의미한다. 또 레이노다는 다음과 같이 말했다.

"변화를 유도하면 리더가 되고 변화를 받아들이면 생존자가 되지만, 변화를 거부하면 죽음을 맞게 될 뿐이다."

레이노다의 말은 자신을 새롭게 한다는 것은 새로운 삶으로 나아간다는 것을 의미하며, 그렇게 될 때 남보다 나은 나로 살아가게 된다는 것을 의미한다. 그렇다. 기독교인들은 날마다 새로운 내가 되어야 한다. 그렇게 함으로써 생산적이고 창의적인 믿음을 갖게 된다. 그리고 나아가 하나님의 무한한 은총을 받게 되는 축복을 누리게 될 것이다.

4 인간은 어떻게
정의로워 질 수 있는가

_크리스마스 캐럴

인간은 물질 앞에서 진정 자유로워질 수는 없는 것인가, 라는 물음에 자유로워 질 수 있다고 자신 있게 말할 수 있는 사람은 과연 얼마나 될까. 이 물음 자체가 인간에겐 가혹할 수 있을 것이다. 물질에 대한 욕망은 인간에게 있어 절대로 떼어낼 수 없는 것이기 때문이다. 인류가 지구상에 존재한 이래 인간은 더 많은 물질을 지니기 위해 끊임없이 욕망을 불태워왔다. 더 많은 영토를 차지하기 위해 전쟁을 벌이고, 돈이 될 만한 것들은 어디든지 찾아다녔다. 같은 동족을 해치고, 사람의 목숨 따윈 아랑곳 하지 않았다. 물질 앞에 윤리니 도덕이니 하는 것들은 거추장스러운 옷에 불과했다.

그렇다면 인간은 왜 이처럼 물질에 집착을 했던 것일까. 그것은 한마디로 자신의 존재 가치를 만천하에 드러내기 위한 욕망의 작용이라고 할 수 있다. 부를 가진 사람은 곧 권력을 가진 것과 같았다. 돈으로 얼마든지 권력자들을 자신 앞에 굴복시켰다. 또한 자신이 직접 부를 이용하여 권력의 주체가 되기도 했다. 돈이면 법도 살 수 있고, 명예도 살 수 있고, 자신의 마음에 드는 여자도 살 수 있었다. 돈은 만천하에 권력이며 부의 상징이었다. 그러니 어떻게 물질 앞에서 자유로울 수 있단 말인가.

물질의 힘을 잘 아는 사람들은 일찍이 동서양을 막론하고 돈을 이용해 돈 장사를 하였다. 돈이 돈을 번다는 말이 있듯 이는 가장 쉽게 돈을 벌 수 있는 방법이기도 했다. 돈을 빌려주고 높은 이자를 거둬들이는 장사야말로 땅 짚고 헤엄치는 격이었다.

섹스피어의 희곡『베니스의 상인』의 샤일록은 피도 눈물도 없는 수전노의 전형이었다. 인류의 역사이래 샤일록과 같은 이들이 가는 곳곳마다 진을 치고 가난한 자들의 주머니를 더 가난하게 만들었다. 지금도 우리 사회에는 피부색이 다른 샤일록의 후예들이 전국 도처에서 가난한 자들을 비참하게 만들고 있다. 그야말로 피도 눈물도 없는 독벌레와 같은 존재들이다.

돈을 잘 쓰면 돈은 사람을 훌륭한 인격자로 만들지만, 돈을 잘못 쓰면 사람을 쓰레기처럼 만들어 버린다. 돈은 철저하게 이중성을 가진 동전의 양면과 같은 것이다.

평생을 물질의 노예로 살며 사람들로부터 손가락질을 받았던 수전노가 하룻밤 새 새로운 사람으로 변화하는 이야기를 통해 진실에 이르는 길이 무엇인지를 잘 보여주는 이야기가 있다. 그것은 영국의 대표적인 작가인 찰스디킨스의『크리스마스 캐럴』이다. 이 이야기를 설명하기 전 찰스디킨스가 어떤 사람인가를 먼저 아는 것이 좋을 듯하다.

　찰스디킨스는 영국 남안의 포츠머스에서 태어났는데, 그의 아버지는 해군 경리국에서 하급 관리로 근무를 하였다. 그의 아버지는 돈에 관한한 욕심이 없어 찰스디킨스는 어린 시절부터 빈곤에 시달려야 했다. 다른 친구들은 학교를 다녔지만 찰스디킨스는 학교를 제대로 다니지도 못한 채, 12세 때부터 공장에서 일을 하였다. 힘든 노동은 어린 찰스디킨스에겐 너무나도 벅찼지만, 그는 가난한 집안을 위해 이를 악물고 일을 했다. 그런 가운데에서도 그의 가슴엔 공부에 대한 일념으로 가득 차 있었다. 찰스디킨스는 하루하루가 견디기 힘들만큼 고통스러웠으나, 자신의 꿈을 위해 틈틈이 글을 썼다. 날마다 찰스디킨스는 눈꺼풀에 무겁게 매달리는 잠을 좇아내며 글쓰기에 전념하였다.

　그 어떤 어려운 일도 지독한 가난도 글쓰기에 대한 그의 열정을 막을 수는 없었다. 그는 프랑스혁명을 무대로 한 역사소설『두 도시 이야기』, 그리고 자전적인 소설『위대한 유산』등은 작가로서의 그의 위치를 더욱 굳건히 해 주었으며 섹스피어에 버금가는 위대한 작가가 되었다.

　찰스디킨스는 가난한 유년시절에 겪은 가난의 고통과 가난한 사람들의 삶을 누구보다도 뼈에 사무치게 느꼈다. 그는 가진 자들의 불합리적인 모순을 작품으로써 풀어내며 진실에 이르는 길을 꾸준히 창작하여 리얼리티가 작품에 미치는 영향을 가장 확실하게 보여주었다.

『크리스마스 캐럴』은 그의 작품 중 진실에 이르는 길이 무엇인지를 가장 쉬우면서도 가장 확실하게 보여준다.

『크리스마스 캐럴』은 유령이 수전노 스크루지 영감의 과거와 현재와 미래의 모습을 보여준다. 스크루지는 자신의 모습을 보면서 그동안 자신에 대해 몰랐던 사실을 알게 되면서 새로운 사람으로 변화한다. 돈 버는 재미 외엔 아무런 재미를 몰랐던 스크루지지만 자신의 추악한 모습의 실체 앞에 무너지고 말았다. 인간은 본래 선한다는 맹자의 성선설이나 인간은 본래 악하다는 순자의 성악설은 누구의 말이 맞는다고 할 수 없다. 인간은 양면성을 가진 존재이다. 선한 쪽으로 마음이 더 기울면 선하게 행동하고, 악한 쪽으로 마음이 더 기울면 악하게 행동한다. 인간은 환경에 따라 얼마든지 변화하는 존재이다. 스크루지가 하룻밤 새 개과천선하여 새로운 사람이 된 것을 보더라도 환경이 인간에게 미치는 영향은 절대적이라고 할 수 있다.

이는 찰스 다윈의 진화론에서 보듯 환경에 적응하면 살아남고 적응하지 못하면 도태되는 것처럼 '환경'은 삶 자체를 완전히 바꾸어 놓는 마력을 가졌다. 찰스디킨스는 스크루지를 악인에서 선인으로 변화하게 함으로써 이런 삶이야말로 정의에 이르는 길이라는 것을 말하고 싶었던 것이다.

우리의 옛이야기 『흥부와 놀부』에서도 흥부는 선한 사람의 대표적인 상징이고 놀부는 악인의 대표적인 상징이다. 흥부는 가난하지만 선한 까닭에 제비다리를 고쳐준 대가로 큰 부자가 된다. 하지만 놀부는 멀쩡한 제비다리를 부러뜨리는 꼼수를 부리다 모든 재산을 잃고 거지가 된다. 이는 권선징악의 예를 잘 보여주는 이야기로 선하게 사는 것이 정의에 이르는 길임을 보여준다.

한 가지 이야기를 더 보자. 우리의 고전 『심청전』은 남녀노소 누구나 알고 있을 정도 널리 알려진 이야기이다. 태어나자마자 엄마를 여읜 간난 아기인 심청이를 앞 못 보는 심 봉사가 젖동냥을 하며 키운다. 그렇게 자란 심청은 꽃다운 소녀가 되고, 공양미 삼백석이면 아버지 눈을 뜨게 한다는 말을 듣고 자신을 희생할 결심을 한다. 그리고 심청이는 자신의 결심을 실행에 옮겼다. 뒤늦게 이 사실을 안 심 봉사는 울부짖지만 이미 심청은 인당수에 몸을 던진 뒤였다. 물에 빠진 심청은 다시 살아나고 왕비가 된다. 그리고 맹인들을 위한 잔치를 베푸는 자리에서 꿈에도 못 잊은 아버지 심 봉사를 만난다. 심 봉사는 죽었다던 딸의 목소리를 듣고 그 놀라움에 눈을 뜬다.

아무리 옛 이야기이지만 많은 사람들이 감동하기에 부족함이 없다. 심청은 효녀의 상징이다. 효녀는 곧 선의 표상이라고 할 수 있다. 선하지 않은 딸은 절대로 효녀가 될 수 없는 이유에서다. 〈심청전〉은 선은 정의에 이르는 길이라는 것을 잘 알게 한다.

이 밖에도 『장화홍연 전』, 『신데렐라』, 『백설 공주』 등 동서양을 막론하고 정의에 이르는 길에 관한 이야기는 무궁무진하다. 그렇다면 어째서 이런 이야기들이 예로부터 지금에 이르기까지 전해져 오며 사람들에게 읽히고 있는 걸까. 그것은 인간의 내면 깊숙이에는 선이 인간의 본질로서 자리하고 있기 때문이다. 인간의 본질은 곧 정의를 따르는 일이다.

성경에도 정의에 대한 이야기가 수도 없이 많이 나온다. 아담과 이브가 낳은 가인과 아벨을 보자. 가인은 시기와 질투심을 못이겨 동생 아벨을 죽이는 참혹한 일을 저지른다. 그래놓고도 반성을 모른다. 그는 도리어 하나님께 자신이 동생을 지키는 자냐며 반박하는 불손을 저지른다. 이에 가인은 동생을 죽인 형벌로 땅에서 농사를 지어도 땅이 다시는 땅의 효력을 주지 않는다는 것과 유리하는 자가 된다는 저주를 받는다. 가인은 동생을 죽인 악행을 저지른 까닭에 두고두고 아우를 죽인 최초의 살인자로 남아있다. 정의롭지 못한 가인의 행동은 스스로를 악인으로 낙인찍히게 했던 것이다.

사도 바울은 바리새인 중에 바리새인으로 뛰어난 율법학자이다. 그런데 그는 예수님을 믿고 따르는 사람들에게 행패를 부리며 못된 짓을 일삼는다. 그러던 도중 깨우침을 얻고는 완전히 다른 사람으로 변화한다. 그 후 그는 베드로에 버금가는 사도로서 그의 존재를 확실하게 남기는 하나님의 위대한 종이 되었다. 사도 바울이 악행을 저지를 땐 사울이었자만 정의 길에 이른 후에는 사도 바울로 명명되는 축복을 받았다.

정의에 이르는 길에 서기 위해서는 '선'을 행해야 한다. 선을 행하는 사람은 그가 백인이던, 황색인이던, 흑인이던, 일자 무식쟁이든, 가난한 자든, 배우지 못한 자든, 못 생긴 자든 정의로운 자가 될 수 있다. 다만, 정의에 이르는 길은 자신이 선택해야 할 문제이다.

『크리스마스 캐럴』은 스크루지 같은 악인도 얼마든지 선한 사람으로 변할 수 있다는 긍정적인 메시지를 줌으로써 현재를 잘 못 살고 있는 사람들에게는 개선의 여지를 주고, 정의에 이르는 길에 서기 위해서는 선을 행해야 한다는 메시지를 준다. 찰스디킨스의『크리스마스 캐럴』은 '선'이 무엇이며 '정의'는 무엇인가를 잘 알게 해주는 영원한 고전이다.

5 생명의 준엄한 원천
최선을 다하는 삶

_노인과 바다

나이가 든다는 것은 인생의 깊이가 그만큼 깊어진다는 것을 의미한다. 나이가 들수록 삶이란 무엇인가에 대한 통찰력이 깊어지고, 그런 만큼 삶의 지혜의 폭은 더욱 넓어진다. 또한 나이가 든다는 것은 모든 두려움으로부터 벗어나 진정한 삶의 자유를 비로소 이해하게 됨으로써 마치 인생을 초탈한 경지에 이르는 시기이기도 하다. 하지만 그 반면에 죽음을 향해 한 발 더 가까이 다가서게 된다. 이것이 인간이 지닌 어쩔 수 없는 한계이다.

그런데 이런 한계에 도전을 하는 이야기가 있다. 그것은 어니스트 헤밍웨이의 『노인과 바다』이다. 이 작품이 명작으로써 세계인들로부터 사랑을 받는 건 주인공인 노인이 처절한 사투에도 굴복하지 않고, 자신을 끝까지 지킴은 물론 자신이 목표로 하는 일에 최선을 다하는 모습을 보여주었기 때문이다. 최선을 다하는 삶은 생명의 준엄한 원천이 되어 자신의 인생을 값지게 하는 숭고한 일이다.

작가 헤밍웨이에 대해 그가 어떤 삶을 살아왔는지를 안다면 이 작품을 보다 쉽게 이해함은 물론 최선을 다하는 삶은 생명의 준엄한 원천이라는 것을 이해함으로써 자신의 인생을 성찰하는 데 많은 도움이 될 것이다.

　헤밍웨이는 미국 일리노이즈 시카고에서 의사 아버지와 미술에 관심이 많은 어머니 사이에서 태어났다. 그는 공립학교에서 교육을 받았으며 고등학교 때 글을 쓰기 시작했는데, 활발한 활동을 벌여 주목을 받았다. 헤밍웨이는 1917년 고등학교를 졸업하자 안정되지 않은 환경을 견디지 못하고, 대학에 가는 대신 캔자스시티로 가서 당시 중요한 신문이었던 〈스타Star〉 지의 기자로 채용되어 귀중한 직업훈련을 받았다. 그는 눈에 결함이 있어 군 입대를 거절당하다 가까스로 미국 적집자사의 구급차 운전기사로 제1차 세계대전에 참전하였다. 그러나 19세 때 부상을 입고 영웅적 행위에 대해 훈장을 받고 미국으로 왔다. 미국으로 온 헤밍웨이는 고향과 미시간에서 건강을 찾은 뒤 〈토론토 스타Toronto Star〉 지의 해외통신원으로 프랑스로 갔다. 그는 파리에서 F. 스콧 피츠제널드, 거트루드 스타인, 에즈라 파운드 같은 미국 작가들의 충고와 격려에 힘입어 비 저널리즘적인 작품을 출간하기 시작했다.

　헤밍웨이는 장편소설 『무기여 잘 있거라』를 발표하여 많은 비평가들의 찬사를 받았다. 그는 스페인에서의 다양한 경험을 바탕으로 장편소설 『누구를 위하여 종은 울리나』를 발표했는데, 이 소설이 판매부수면에서 가장 성공했다.

헤밍웨이는 제2차 세계대전이 일어나자 또 다시 종군 기자로 전쟁 터를 누볐다. 전쟁은 그의 생애에 있어 불가분의 관계에 있었고, 그런 경험들은 그의 작품에 깊은 영향을 주었다. 헤밍웨이는 1952년에 쓴『노인과 바다』로 열광적인 찬사를 받으며 퓰리처상과 노벨문학상을 받았다.

『노인과 바다』의 주인공인 샌디에고는 혼자 고기를 잡으며 살아간다. 그가 고기 한 마리도 잡지 못한 날이 무려 84일이나 계속되었다. 마을 사람들은 그를 한 물간 어부로 놀려대었지만 그는 꿋꿋하게 자신의 일에만 열중한다. 노인은 다시 바다로 나갔다. 노인은 낚시를 시작하였다. 한참이나 지나 낚시 줄이 팽팽해지더니 고기가 달려가기 시작했다. 그러자 배가 고기가 이끄는 대로 딸려갔다. 노인은 엄청 큰 고기라고 생각하며 마음을 다잡았다. 한참이나 시간이 지나고 고기에 끌려가던 배의 속도가 줄자 그제야 고기를 보게 되었다. 순간 노인은 깜짝 놀랐다. 그 고기는 자신의 배보다 더 큰 청새치였다. 하룻밤과 하루 낮 사이를 꼬박 청새치에 끌려 다녔다. 고기도 노인도 지쳤지만 서로를 포기하지 않았다. 시간이 지나고 청새치의 힘이 빠졌을 때 노인은 사력을 다해 고기를 끌어 올려 배에 붙들어 맸다. 노인은 즐거움 마음으로 부두를 향해 달려갔다. 그런데 뜻하지 않게 상어의 습격을 받았다. 상어는 청새치를 뜯어 먹었다. 노인은 노 끝에 칼을 매어 상어와 싸웠다. 하지만 그의 노력에도 부두에 돌아와 보니 고기는 앙상한 뼈만 남아 있었다. 하지만 노인은 자신의 패배에

도 만족해했다. 그는 집으로 돌아와 깊은 잠에 빠져들었다.

노인이 패배에도 만족할 수 있었던 것은 자신으로서는 사력을 다해 최선을 다했기 때문이다. 최선을 다했다는 것은 자신의 모두를 바쳤다는 것을 의미한다. 물론 성공을 했다면 그 기쁨은 더할 나위가 없었을 것이다. 하지만 최선을 다했다는 것만으로도 충분히 보상받은 기분이 드는 건 당연하다.

헤밍웨이는 『노인과 바다』를 통해 최선을 다하는 것은 스스로에게나 타인들에게도 떳떳한 일이라는 것을 말하고 싶었던 것이다.

대개의 사람들은 성공한 일에 대해서만 환호를 하고 격려를 보낸다. 그래서 사람들은 패배에 대해 두렵게 생각하고 고통스럽게 여긴다. 패배는 패배를 두려워하는 자들에게는 혹독한 것이지만, 패배를 두려워하지 않는 사람에게는 성공을 위한 조건에 불과하다.

이에 대해 그라나스키는 이렇게 말했다.

"인생은 학교다. 그리고 거기서의 실패는 성공보다도 두드러진 교사다."

그리고 토마스는 다음과 같이 말했다.

"실패는 낙담의 원인이 아니라 신선한 자극이다."

실패, 즉 패배에 대해 그라나스키와 토마스는 긍정적인 자세를 견지하며 패배를 자연스럽게 받아들일 것을 조언한다.

미국 NBA 농구의 황제로 불리며 역대 최고의 선수로 평가받는 마이클 조던. 그는 자신의 성공을 묻는 질문에 대해 이렇게 말했다.

"나는 살면서 수많은 실패를 거듭했다. 그러나 바로 그것이 내가 성공할 수 있었던 이유다."

마이클 조던은 천부적인 재능을 타고났지만 연습을 실천처럼 한 것으로도 유명하다. 그는 농구를 위해 태어난 사람이다. 그런데 그는 자신의 재능에 대해서는 한마디의 언급도 없이 자신의 성공은 수많은 실패가 가져다 준 결과라고 말했다. 자신의 성공에 대해 이처럼 겸손하게 말할 수 있는 사람은 과연 얼마나 될까. 대개는 자신의 성공에 대해 그럴 듯하게 포장하기에 바쁘다. 그것은 자신을 더 돋보이게 할 수 있는 절호의 기회로 여기기 때문이다. 그러나 마이클 조던은 자신을 낮춤으로써 더욱 자신을 높일 수 있었다.

에디슨은 전구를 발명하는 데만 만 번 가까이 실패를 하였다. 그러나 그는 절대로 포기하지 않았다. 그 결과 전구를 발명하는데 성공하였다. 전구는 인류역사에 획기적인 발전을 가져다주었다.

인류역사에 있어 최고의 대통령으로 추앙받는 아브라함 링컨 역시 실패를 밥 먹듯 하였다. 그리고 그 실패를 딛고 대통령이 되었으며 노예를 해방시키는 역사적인 일을 이뤄냈다.

미국 최초로 4선 대통령이 된 프랭클린 루스벨트 역시 실패를 밥 먹듯 하였다. 그는 자신의 실패에 대해 이렇게 말했다.

"나의 생애는 일곱 번 넘어지고 여덟 번 만에 일어났던 것이다."

패배는 긍정적인 인생, 성공적인 인생으로 살아가는 데 있어 좋은 보약이다. 성공적인 인생을 살았던 사람들은 하나같이 실패를 경험하였고, 그 실패를 통해 성공할 수 있었다. 만일 자신이 성공하고 싶다면 패배, 즉 실패를 두려워하지 마라. 두려워하는 순간 오던 성공도 멈추고 만다.

헤밍웨이는 주인공인 늙은 어부의 곡절 많은 삶을 통해 최악 순간에도 자신이 목표로 하는 일에 최선을 다해야 한다는 메시지를 전하고 있다. 헤밍웨이는 살아생전 곡절 많은 삶을 살았다.『노인과 바다』는 그의 곡절 많은 삶이 녹아 흐른다고 할 수 있다.

기독교인들은 더더욱 실패를 두려워해서는 안 된다. 하나님의 권능을 믿으면서도 한쪽 마음에서는 "이번 일이 잘 안 되면 어떡하지?" 라고 말하는 이들을 많이 목격하게 된다. 이런 믿음으로는 좋은 결과를 기대하기 어렵다. 자신이 확신하지 못하는 데 어떻게 좋은 결과가 주어지길 바랄 수 있는가. 그것은 하나님에 대한 자신의 믿음을 스스로 부정하는 거와 다름없다.

하나님은 절대적인 믿음을 요구한다.

하면하고 못하면 못하는 것이 아니라, 반드시 할 수 있다고 믿는 것이다. 이것이 하나님이 원하는 절대적인 믿음이다. 아브라함이 100세에 이삭을 낳은 것도 하나님에 대한 절대적인 믿음에서였고,

동방의 의인 욥이 마귀의 온갖 괴롭힘에도 쓰러지지 않고 고통을 이겨낸 것도 또한 절대적인 믿음 때문이다. 절대적인 믿음은 모든 것을 가능하게 한다.

혈루병 환자가 예수님의 옷자락을 만지면 병이 나을 거라는 믿음으로 고침을 받았으며, 간질병 환자와 앞 못 보는 이들이 병을 고치고 눈을 뜨게 된 것 또한 절대적인 믿음에 의해서다.

『노인과 바다』의 샌디에고 노인은 84일 동안 한 마리의 고기도 잡지 못했다. 그런 그가 자신의 고깃배보다 큰 청새치를 잡을 수 있었던 것은 84일 동안의 실패를 극복하려는 절대적인 생각이 낳은 결과이다. 비록 상어에게 뜯겨 한 조각의 고기도 취하지 못했지만 사투를 벌여가며 고기를 잡았다는 그 자부심만으로도 이미 그는 행복했던 것이다.

기독교인들은 『노인과 바다』의 샌디에고 노인처럼 절대적인 자기 신념을 굽히지 말아야 한다. 그래야 자신의 믿음대로 원하는 것을 취할 수 있는 축복을 누릴 수 있다.

INRI

기독교인 책에서 길을 묻다 6
하나님의 참사람
믿음으로 승리하다

무조건적인 사랑 숭고함의 절대적 가치
_언제까지나 너를 사랑해
자아를 찾아 마음을 여행하기
_연금술사
헨리 데이비드 소로의 삶과 철학을 배우다
_월든
변화를 쫓는 삶 변화를 방치하는 삶
_누가 내 치즈를 옮겼을까
하나님의 참사람 믿음으로 승리하다
_썬다싱의 생애

1 무조건적인 사랑,
숭고함의 절대적 가치

_언제까지나 너를 사랑해

"신은 어디에서 있을 수 없어 어머니를 만드셨다."

이는 독일의 시인 실러가 한 말로 어머니의 절대적인 사랑을 함축적으로 표현한 말이다. 어머니의 사랑이 그만큼 크고 깊다는 것을 뜻하는 말이다. 세상에서 가장 아름다운 말 세 가지를 꼽으라면 어머니는 반드시 그 안에 포함되어 있는데 그 세 가지는 어머니, 사랑, 행복이라고 할 수 있다. 이를 증명이라도 하듯 동서양 모두에서 어머니는 당연히 한 자리를 차지했다. 어머니의 사랑은 동서양이 다르지 않다. 언어와 관습, 문화와 정서가 다르지만 어머니에 대한 사랑은 똑 같았다. 이는 무엇을 말하는가. 인간에게 어머니는 생명의 원천이며, 마음의 고향이며, 모두를 품어 안아주는 사랑의 화신이다.

필자는 어머니란 말만 떠올려도 눈물이 난다. 잘한 것보다 늘 부족하고 잘못한 것이 더 많아서이다. 그런데 어머니는 그런 자식을 언제나 사랑하고, 자신의 몸보다도 더 아끼고 애지중지 한다. 어머니의 사랑은 변함이 없고, 하해와 같이 넓고 푸르다. 이런 어머니의 사랑을 잘 알게 하는 책이 로버트 먼치가 글을 쓰고 안토니 루이스가 그림을 그린 세계적인 베스트셀러인 『언제까지나 너를 사랑해』이다. 이 책은 미국에서만 1,500만부가 팔린 초대형 베스트셀러이다. 단순한 구성에 단조로운 말로 씌어졌지만 읽으면 읽을수록 가슴을 따뜻하게 하고 마음 깊이 스며든다.

작가 로버트 먼치는 미국에서 태어나 평범한 시절을 보내다 수도사가 되기로 결심을 하고 공부를 하던 중 가끔씩 어린이들을 돌보며 시간을 보냈다. 그러던 중 그는 자신이 정말 하고 싶은 일은 어린이들을 위해 자신의 노력을 바치는 거라는 것을 깨닫는다. 그 후 그는 아동학을 공부한 후 유아원에서 일을 시작하였다. 그는 어린이들에게 자신이 지은 이야기를 들려주었는데, 아이들의 반응이 좋았다. 그는 결혼 후 캐나다로 이주를 하여 유아원에서 아이들을 가르쳤다. 로버트 먼치는 역시 자신이 지은 이야기를 아이들에게 들려주었다. 그의 이야기를 듣고 책으로 내라는 권유를 받았지만 내키지 않아 망설였다. 곰곰이 생각하던 그는 10군데 출판사에 원고를 보냈고 그 중 한 출판사에서 책을 내자고 하였다. 그래서 나온 책이 바로『언제까지나 너를 사랑해』이다.

이 책은 1986년에 3만부, 1987에는 7만부, 1988년에는 밀리언셀러가 되었다. 그리고 지금까지 베스트셀러의 명성을 이어오고 있다.

아무도 알아주지 않았던 로버트 먼치는 이 책으로 인해 명실 공히 세계적인 작가가 되었다. 이 책은 두 번이나 자식을 사산한 쓰라린

아버지의 심정을 지극한 사랑으로 담아 표현하고 있다.

이 책에 대해 잠시 살펴보기로 하자.

어머니는 아가를 품에 안고 언제까지나 너를 사랑한다고 말한다. 그 아기는 자라서 뒤집고, 앉고, 엉금엉금 기고, 걷기 시작한다. 두 살이 된 아기는 책장의 책을 꺼내 여기저기 늘어놓고, 냉장고 문을 열고 음식을 쏟아버린다. 또 어머니의 시계를 변기에 넣고 물을 내리기도 한다. 말썽꾸러기가 되어 온 집 안을 쑥대밭으로 만들어 놓았다. 그 모습을 보고 어머니가 한숨짓는다. 하지만 밤이 되면 잠들어 있는 아기 방으로 가 "언제까지나 너를 사랑해." 하고 말한다. 아기는 무럭무럭 자라서 9살이 되었다. 아이는 노는데 빠져 공부도 안 하고 할머니에게 버릇없이 굴어 어머니는 속상하지만 밤에 아이가 잠이 들면 잠든 아이 머리맡에서 언제까지나 사랑한다고 말한다.

아이는 자라서 소년이 되고 사춘기를 맞아 제멋대로 굴어도 소년이 잠이 들고 나면 어머니는 또 다시 언제까지나 너를 사랑하다고 말한다.

어른이 된 아들이 독립을 해서 이웃 마을에 살게 되었을 때 어머니는 버스를 타고 아들 집으로 가 잠든 아들을 향해 역시 언제까지나 너를 사랑해 하고 말한다.

세월이 흘러 어머니는 기력이 딸려 아들에게 전화를 걸어 도와 달라고 한다. 아들이 집에 도착해 어머니 방으로 들어가려다 "너를 사랑해 언제 까지나." 하고 말하는 어머니의 목소리를 듣는다.

어머니의 목소리에는 힘이 없다. 그러나 아들을 사랑하는 마음은 아기일 때나 장성한 어른이 된 지금이나 변함이 없다. 아들은 어머니 방으로 들어가 두 팔로 늙으신 어머니를 감싸 안았다. 어머니를 안고 노래를 불렀다.

"사랑해요 어머니. 언제까지나 사랑해요 어머니. 어떤 일이 닥쳐도 내가 살아있는 한 당신은 늘 나의 어머니."

그리고 아들은 자신의 갓난 아가에게 어머니가 자신에게 했듯 노래를 불러준다.

"너를 사랑해 언제까지나. 너를 사랑해 어떤 일이 닥쳐도 내가 살아있는 한 너는 늘 나의 귀여운 아기."

이 책은 단순한 구성에 단순한 스토리를 지녔지만 필자는 이 책을 읽고 그 어떤 소설 책 보다도 큰 감동을 받았다. 순간 경기도 연천 실버타운에 계시는 어머니가 생각나 마음이 뭉클하였다. 잠시 마음을 진정시킨 필자는 지난 번 다녀오던 길에 길가에 멈추어 서서 다이어리를 꺼내 생각이 나는 대로 시를 적기 시작했다. 그때 쓴 시를 꺼내 읽어보았다. 그러자 그때의 감흥이 그대로 살아나 어머니에 대한 그리움이 사무쳤다. 다음은 그 때 쓴 〈탄현리에서〉란 시이다.

탄현리에 계신 어머니 만나 뵙고
노을 물든 마을 입구를 걸어 나오는데
콧등이 찡하니 매웁게 저려온다.
구순 가까운 연세에 못난 자식이 안쓰러워
애처로이 바라보는 눈빛이 못내 서러워
한 걸음 띄어 놓고 뒤 돌아보길 수십여 차례
내 가슴은 못이 박힌 듯 통증이 인다.
삶과 죽음, 경계의 간격이
반 뼘도 채 되지 않는 어머니의 담담함이
마치 엄숙함의 종교처럼 고고하다.
그래서 더 슬프고 더 마음 아프다.
부모자식으로 맺어진
한 생애가 속절없이 흘러 온 지금,
나는 더 이상 어떻게라도 해드릴게 없어
탄현리에서 바라본 하늘은
저리도 슬픈 눈망울로 나를 굽어본다.

올해로 구순이 되신 어머니. 이 시는 재작년에 쓴 시로 어느 덧 이
태가 되었다. 감사하게도 어머니는 총기도 좋으시고, 건강하시다.
그 모두가 하나님의 보살핌이라고 감사해 하는 어머니는 모습은 소
녀처럼 고우시다.

올 봄 한국문예학술저작권협회에서 전화를 받았다. 필자의 에세

이 『엄마 보고 싶어요』를 사용하고자 하는 곳이 있으니 허락을 해 달라고 해서 흔쾌히 허락해 주었다. 필자를 비롯해, 도종환, 김용택 시인의 작품을 가지고 행사를 한다고 했다. 그리고 잊고 지냈는데 서울을 비롯한 대전, 인천은 전시회를 열고 있고 부산을 비롯한 7개 도시에서 순차적으로 전시회가 열린다는 기사가 20여 군데가 넘는 언론에 대서특필되었다. 관람객들이 연일 만원을 이룬다고 한다. 전시회 명칭은 '우리 어머니 글과 사진전'이다. 관람객은 남녀노소 등 아주 다양한 것이 특징인데 관람을 하는 사람들마다 눈시울이 붉어진다고 했다. 그리고 어떤 이들은 눈물을 흘리며 어머니를 회상한다고 했다. 이를 보더라도 어머니에 대한 사람들의 마음은 하나같이 같다는 걸 알 수 있다. 어머니는 영원한 화두이며 인간의 영원한 마음의 고향이다.

서울은 이미 전시회가 끝났지만 전시회를 다시 열어달라는 요청으로 앙코르 전시회를 열고 있다고 했다. 주최측은 처음 전시회를 기획했을 땐 이처럼 반응이 뜨거울지 몰랐다고 했다. 전국 전시회를 마치고 상황을 봐서 더욱 확대할 계획이라고 한다.

언젠가 초등학생인 딸을 살리고 자신은 달려오는 차에 희생한 어머니의 기사를 본 적이 있다. 딸을 살리기 위해 자신의 몸으로 차를 막아선 젊은 어머니의 사랑에 마음이 숙연해졌다. 아무리 자식이라지만 하나뿐인 자신의 목숨과 바꿀 수 있다니 이 얼마나 숭그한 일인가.

또 물놀이를 하던 중 어린 아들이 물에 빠져 허우적거리자 물에 뛰어들어 아들을 살리고 힘에 부쳐 자신은 돌아올 수 없는 곳으로 간 또 다른 젊은 어머니의 기사 또한 내 마음을 아프게 했다. 자식을 위해서라면 목숨도 아끼지 않는 어머니의 숭고한 사랑은 인간을 사랑하시는 하나님의 사랑을 닮았다. 그러기에 어머니의 사랑은 가장 아름답고 가장 넉넉하다.

하나님은 어디에나 있을 수 없어 어머니를 만드셨다는 실러의 말은 참으로 절묘하다. 그 역시 사랑 많은 한 어머니의 아들이었기 때문에 이처럼 멋진 말을 남겼으리라.

『언제까지나 너를 사랑해』는 그림책이지만 많은 생각을 하게하고, 어머니에 대해 진지하게 생각하는 기회를 줄 것이다. 마음이 기쁠 때나 울적할 때, 어머니가 못 견디게 그리울 땐 이 책을 읽으며 어머니의 그 크신 사랑에 감사하라. 무조건적인 사랑 숭고함의 절대적 가치인 어머니, 인간의 영원한 화두인 마음의 고향인 어머니, 어머니가 계셔 우리의 삶은 따뜻하고 행복하다.

2 자아를 찾아
마음을 여행하기

_연금술사

　　인간은 깨달음의 동물이다. 자기를 아는 것, 즉 자아는 지금보다 더 나은 자신으로 거듭나게 하는 최선의 수단이다. 깨닫지 못하고 날마다 그날이 그날이라면 이는 개나 돼지나 다를 바가 없다. 논어에 나오는 말이다.

　　"내 나이 열다섯에 사람의 마음이 성장하기 위해서는 배워야 한다는 것을 깨달았다. 서른 살이 되어서는 인생의 방향이 겨우 보이기 시작했다. 마흔 살쯤에는 인생의 목표가 확고해 감에 따라 망설임이 사라졌다. 쉰 살에는 '내 인생은 혼자만의 것이 아닌 타인을 위한 것이기도 하다'는 사명감을 갖게 되었다. 예순이 되니 나와 다른 인생관을 가진 사람을 만나도 '이런 삶의 방식도 있구나'라고 이해하며 반하지 않게 되었다. 그리고 일흔이 되자 나의 욕망이 타인에게 전혀 피해를 주지 않게 되었다. 그래서 원하는 대로 자유롭게 살아도 세상의 규칙을 어기지 않게 되었다."

공자는 자신이 깨달은 것을 나이 대에 따라 이렇게 말했다. 그리고 그는 자신의 깨달음처럼 깨달음의 삶을 살 것을 제자들에게 가르치고 사람들에게 설파하였다.

프리드리히 니체는 이에 대해 다음과 같이 말했다.

"자신에 대하여 얼버무리거나 스스로에게 거짓말을 하며 살지 달라. 자신에 대해서는 늘 성실하며, 자신이 대체 어떤 사람인지, 어떤 마음의 습성을 가지고 있는지, 어떤 사고방식과 반응을 보이는지 잘 알고 있어야 한다. 자신을 잘 알지 못하면 사랑을 사랑으로서 느낄 수 없기 때문이다. 사랑하기 위해, 사랑받기 위해 먼저 스스로를 아는 것부터 시작하라. 자신조차 알지 못하면서 상대를 알기란 불가능한 것이다."

니체는 사랑하기 위해, 사랑받기 위해 먼저 스스로를 아는 것부터 시작하라고 말한다. 스스로를 안다는 것은 상대를 이해할 준비가 되어 있음을 의미한다. 또한 스스로를 안다는 것은 세상을 받아들일 준비를 하는 것이다.

니체는 여기에 머무르지 않고 나아가 이렇게 말했다.

"과거에는 틀림없는 진실이라고 생각했던 것이 지금은 잘못된 것으로 여겨진다. 과거에 이것만큼은 자신의 확고한 신조라고 여기던 것이 이제는 아닐지도 모른다는 생각이 든다. 그 같은 변화를 자신이 어려서, 깊이가 없어서, 세상을 몰라서라는 이유로 그저 묻어두지 마라.

그 무렵의 당신에게는 그렇게 사고하고 느낄 필요가 있었기 때문이다. 당신의 수준에서는 그것이 진리요, 신조였다. 인간은 늘 껍질을 벗고 새로워진다. 그리고 향상 새로운 생을 향해 나아간다. 그렇기에 과거에는 필요했던 것이 지금은 필요치 않게 되어버린 것에 불과하다. 그러므로 스스로를 비판하는 것, 타인의 비판에 귀 기울이는 것은 자신의 껍질을 벗는 일과 다름없다. 한층 새로운 자신이 되기 위한 탈바꿈인 것이다."

니체는 스스로를 아는 것에서 그치는 것이 아니라 지금과는 다른 새로운 자신으로 거듭나야함을 주장한다. 새로워지지 못한다는 것은 답보상태를 의미하며, 그것은 곧 정체된 인생을 의미한다. 이를 한마디로 말하면 퇴보적인 인생이 된다는 것이다. 퇴보적인 인생을 산다는 것은 스스로에게 부끄러운 일이며 미안한 일이다.

자아를 찾아 모든 것을 손에서 놓고 길을 떠나는 젊은이를 주제로 한 파울로 코엘료의 성공작인 『연금술사』는 지금의 나와 다른 행복한 나, 새로운 나를 찾는 여정을 잔잔하게 보여준다. 마치 생텍쥐페리의 『어린왕자』를 읽을 때처럼 마음이 맑아져 옴을 느끼게 하는 책이다.

신학을 공부했지만 양치기를 하며 지내는 산티아고는 어느 날 버려진 낡은 교회에서 잠자다 꿈을 꾼다. 어떤 어린아이가 그를 이집트 피라미드로 데려가 그 곳에 오면 보물을 찾을 수 있다고 말한다.

산티아고는 동일한 꿈을 연이어 꾼 것을 이상히 여겨 노파에게 꿈 해몽을 부탁한다. 노파는 그의 이야기를 듣고 그 꿈은 신의 계시니 피라미드에서 보물을 찾게 될 거라고 말하며 보물 중 10분의 1을 자신에게 달라고 한다.

그러나 산티아고는 노파의 말을 듣지 않는다. 그런데 산티아고 앞에 멜기세덱이라는 노인이 나타나 보물과 자아신화 등의 이야기를 하며 그가 가지고 있는 양의 10분의 1을 주면 보물을 찾는 법을 알려준다고 말했다. 산티아고는 그 노인이 사기꾼이라고 생각하지만 다음 날 그는 노인에게 양의 10분의 1을 주고 보물을 잘 찾기 위해서는 표지를 잘 쫓아야 된다고 말한다.

산티아고 경비를 마련하기 위해 양을 모두 팔아버린다. 산타아고는 보물을 찾기 위해 떠난다. 그러나 산티아고는 가지고 있던 돈 모두를 사기꾼에게 잃고 만다. 그는 분노에 떨며 인간에 대한 불신감에 절규한다. 산티아고는 고향에 돌아갈 심정으로 크리스탈 가게에서 일을 한다. 그는 열심히 일했고, 그의 뛰어난 장사수단으로 크리스탈 가게는 번창한다. 그로인해 산티아고는 잃어버린 돈의 두 배를 벌었다. 그는 보물을 찾기 위해 다시 이집트로 간다. 그리고 그는 오아시스에 도착한다.

산티아고 위험을 겪고 나서 연금술사를 만난다. 연금술사는 산티아고에게 계속 보물을 찾아가라고 말한다. 산티아고는 보물을 찾아 떠난다. 그는 첫눈에 반한 파티마를 두고 떠나는 것과 이런저런 생각에 갈등을 하지만 그는 자신의 마음이 평안해짐을 느낀다. 연금술사와 동행을 하던 산티아고는 군대를 만나 죽을 고비를 당하지만 슬기롭게 극복하고 피라미드에 도착한다. 피라미드에 도착하기 전 연금술사는 자신의 길을 떠났다.

산티아고는 피라미드 앞에서 감사의 눈물을 흘린다. 그리고 모래를 팠지만 어디에서도 보물은 보이지 않았다. 그런데 한 무리의 군인들이 나타나 산티아고가 가지고 있던 금을 빼앗고 그는 구타하였다. 산티아고는 살기 위해 자신이 이곳에 온 이유는 보물을 찾기 위해서라고 말한다. 그런데 군인들의 책임자는 2년 전 이곳에서 스페인의 쓰러져가는 교회 무화과나무 아래에서 보물을 찾는 꿈을 여러 번 꾼 적이 있지만, 자신은 보물을 찾기 위해 스페인으로 가는 어리석은 짓은 하지 않는다고 말하며 떠났다. 산티아고는 그가 말한 곳이 어딘지 알았다. 그의 입가엔 기쁨의 미소가 베어났다. 그리고 산티아고는 고향으로 돌아가 전에 꿈을 꾸었던 낡은 교회에서 보물을 찾는다는 이야기이다.

이 이야기는 많은 생각을 하게 한다. 보물이란 꿈일 수도 있고, 사랑과 행복일 수도 있다. 여기서 말하는 꿈은 '자아의 신화'를 말함인데 자아는 스스로 깨닫는 것이다. 인간은 깨달음의 동물이고 깨달음을 통해 자신만의 인생을 만들어간다. 그런데 어떤 이는 자아실현을 통해 자신의 인생을 완성시키는데, 또 다른 어떤 이는 자아를 찾는 일에 게을러 자신의 인생을 완성시키는 데 실패한다.

꿈이란 자아의 실현을 통해서 이루어지는 것이다. 자아의 실현 없이는 꿈을 이룰 수 없다. 자아를 실현하기 위해서는 노력이 필요하다. 그리고 한 가지 중요한 사실은 꿈은 멀리 있지 않고 자신 가까이에 있다는 사실이다. 그런데 마음의 눈이 어두워 그걸 깨닫지 못한다.

산티아고가 피라미드를 찾아가느라 죽을 고비를 넘기고, 돈을 사기 당하고, 크리스탈 가게에서 일을 하는 등 어려움을 겪지만 보물은 자기 고향에서 찾는다. 그렇다고 해서 산티아고가 어리석은 짓을 했다는 게 아니다. 그런 과정 하나하나는 산티아고에겐 그 어떤 보석보다도 값지다. 사람에 따라서는 각자에게 주어진 인생의 루트가 있다. 그 루트를 따라 충실하게 살다보면 자신이 원하는 꿈을 찾게 된다.

파울로 코엘료는 『연금술사』로 우리에게 매우 친숙한 사람이다. 그의 삶은 기복이 매우 심하다. 그는 여러 사람이 겪음 직한 일들을 겪었다. 한 사람의 인생을 놓고 볼 때 아이러니하다고 할 만큼 그의 삶은 다양한 경험으로 녹아 있다.

꿈 많은 10대 시절 세 차례나 정신병원에 입원한 병력을 가지고 있다. 그리고 청년시절에는 브라질 군사 독재에 항거하며 반정부활동을 펼치다 두 차례나 감옥에 갇혀 고문을 당했다.

그 후 그는 히피문화에 빠져 록밴드를 결성해 120여곡을 써서 브라질 록음악에 막대한 영향을 끼쳤다. 그리고 저널리스트, 배우, 희곡작가, 연극 연출가, 텔레비전 프로듀서 등 다양한 분야에서 일을 하며 자신의 영역을 넓혀 나갔다.

그는 1982년에 떠난 유럽여행에서 신비로운 체험을 경험한다. 그가 체험한 신비로움은 그를 새로운 길로 나아가게 하는 계기가 되었다. 그는 세계적인 음반회사 중역자리를 미련없이 버리고 산티아고 데 콤포스텔라로 순례를 떠났다. 순례길은 그에게 새로운 세계를 보여주었다. 그것은 인간의 세계에서 있을 수 있는 일이 아닌, 마치 천상의 세계에서나 있음직한 마음의 세계였다. 마치 생텍쥐페리가 아프리카 사막에 불시착한 후 느끼게 되는 신비로운 경험과 그 체험을 통해 명작『어린왕자』를 썼듯이 그 또한 자신의 경험을『순례자』라는 소설로 쓰며 작가의 길로 들어섰다. 그는 이듬해『연금술사』를 썼고, 이 소설은 그에게 막대한 돈과 명성을 얻게 했다.

그 후 그는 성공한 작가로서 전 세계에 폭넓은 독자층을 가지고 있다.

파울로 코엘료의 다양한 삶의 경험은 그가 소설을 쓰는데 훌륭한 역할을 해내며 그의 작품을 빛나게 한다. 그만큼 다양한 경험은 여러 사람들의 삶을 녹여내는데 있어 절대적으로 필요한 작품요소이다. 다양한 경험을 한다는 것은 때론 고통일 수도 있다. 더군다나 먹고살기 위한 문제라면 더더욱 그렇다. 하지만 그런 경험들이 새로운 삶을 살아가는 데 큰 도움이 된다는 사실이다.

『연금술사』는 파울로 고엘료의 파란만장한 삶의 경험이 작품 속에 산티아고가 되어 독자들에게 인생의 꿈을 이루는 지혜를 전한다고 해도 틀린 말은 아닐 것이다. 파울로 코엘료가 고난과 역경을 딛고 작가로서 성공할 수 있었던 것은 곧 산티아고가 보물을 찾은 것과 같다고 하겠다.

　하나님을 믿는 사람들은 믿음의 과정을 통해 믿음을 키워나간다. 믿음의 과정엔 시련과 고통이 따를 수 있고, 기쁨과 환희가 따르기도 한다. 믿음 생활을 하다보면 자신의 의지와 관계없는 일들이 언제든지 일어나는데 이를 지혜롭게 잘 이겨내야 한다.
　또한 믿음을 가진 자들은 자신의 꿈을 이루기 위해 믿음생활에 충실해야 한다. 또 매사에 정직하고, 불의한 일에 빠지지 않도록 해야 한다. 언제나 부지런하며 게으름을 경계하고 자신이 하는 일에 최선을 다 해야 한다. 그렇게 될 때 지금과 다른 새로운 내가 될 수 있다.
　하나님은 그 사람의 믿음과 정성을 보고 그의 꿈이 이뤄질 수 있도록 도움을 주신다. 자신의 꿈을 찾아 자아를 실현하는 데에 열중하라.

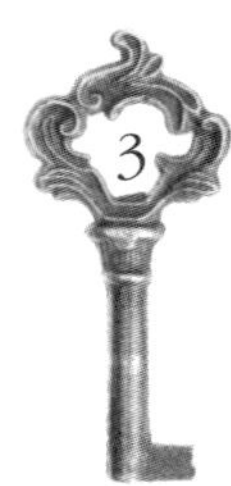

3 헨리 데이비드 소로의
삶과 철학을 배우다

_월든

미국 국민들이 가장 존경하는 인물 중 한 사람인 헨리 데이비드 소로. 많은 걸 가질 수 있었지만, 스스로를 가난하게 살았던 그. 그러나 진실로 부자였던 소로의 삶은 죽었다 깨어나도 그처럼 살지 못하는 사람들에게도 감동 그 자체이다. 법정스님이 그를 너무나도 존경한 까닭에 월든을 찾아가 그의 삶을 배우고자 했음은 그의 삶이 법정스님에게는 진실이며 목적이 되었다. 그랬기에 법정 또한 무소유의 삶을 평생토록 실천하며 살았다.

그러면 소로는 과연 어떤 사람이었는지를 잠시 살펴보기로 하자. 그가 어떤 생각을 했으며, 무엇을 위해 살았는지를 알면 『월든』을 이해하는데 많은 도움이 될 것이다.

소로는 미국 매사추세츠 콩코드에서 태어나 하버드 대학을 졸업했다. 그는 한때 가업인 연필제조업, 교사 등에 종사했지만 초월주의자로서 어떤 직업에 매이지 않고 공부에 전념하며 집필 활동을 하였다. 소로는 물질의 탐욕에 빠져 그릇된 관습에서 벗어나지 못하는 국가와 사회에 저항하여 자신이 지향하는 삶과 철학을 실행에 옮겼다. 그는 노예제도와 멕시코전쟁에 항의하기 위해 홀로 월든의 숲에서 2년 2개월 동안 작은 오두막을 짓고 살았으며, 인두세 납브를 거부하여 투옥되었다. 그 후 노예해방운동에 헌신하였으며, 그의 정신에 감동을 받은 마하트마 간디와 마틴 루터 킹 목사는 자신의 신념을 실행에 옮긴 것으로 유명하다.

자신의 신념을 실천으로 옮긴다는 것은 그 사람의 인생에 있어 매우 중요하다. 생각만 하고 실행에 옮기지 못하면 그 어떤 결과도 얻지 못하지만, 자신의 생각을 실행에 옮기면 그로인해 지금과는 전혀 다른 삶을 살아가게 되기 때문이다. 그런 관점에서 볼 때 특히, 최소한의 것으로 자신의 신념을 실천한 소로의 행동은 더욱 빛을 발할 수밖에 없다.

최소한의 것을 가지고도 부자로 살아간다는 것은 수행을 쌓는 것보다도 더 힘들다. 물질의 유혹을 이겨낸다는 것은 사람으로서는 매우 힘들이기 때문이다. 사람들이 죄를 짓는 대개의 원인은 물질과 관계가 있다. 자신의 직무에 충실하던 공무원이 어느 날 물질의 유혹을 견디지 못하고 뇌물을 수수하여 파면되는가 하면, 조세를 탕감해 달라는 부탁을 받고 거액을 뇌물을 받은 세무직원이 감옥에 갇히는가 하면, 배움의 신성함을 받드는 교수가 제자들의 장학금을 횡령하며 하루아침에 범법자가 되어 사람들로부터 조롱거리가 된다. 정치 잘하라고 뽑아주었더니 민생은 안중에도 없고 권력을 빙자하여 여기저기서 돈을 갈취하다시피하여 막대한 부를 쌓은 정치인이 하루아침에 감옥으로 달려 들어간다. 물질의 탐욕이 낳은 불의가 정치계, 학계, 교육계, 예술계, 체육계 등 사회 곳곳에서 만연되고 있다. 이 모두는 물질의 유혹을 견디지 못해서이다.

물질은 반드시 필요한 것이다, 하지만 반드시 많아야 하는 것은 아니다. 개개인의 취향이 다 다르듯이 물질의 가치도 사람에 따라 다르다. 물론 보편적인 관점에서 보면 많으면 많을수록 좋은 게 물질이다. 그러나 다 그런 것은 아니라는 것이다. 최소한의 것으로 삶을 즐기는 사람들도 곳곳에 있기 때문이다. 물질에 대한 생각 또한 인식의 차이에 따라 얼마든지 변할 수 있는 것이다. 욕망에 대해 가져야 할 자세에 대해 잘 알게 하는 말이다.

"사람의 욕망을 내버려두면 끝이 없다. 끝이 없는 희망은 차라리 없는 것만 못하다. 욕망에 한계를 둔다는 것은 목표를 분명히 가진 것이 된다."

이는 괴테가 한 말인데 지나친 욕망에 대해 경계해야함을 의미한다. 물질에 대한 욕망, 명예에 대한 욕망, 권력에 대한 욕망, 자리에 대한 욕망 등 어느 정도의 욕망은 필요하다. 그러나 지나친 욕망은 반드시 화를 부른다. 지나친 욕망은 피해야 한다. 그렇지 않으면 욕망의 사슬에 매여 욕망의 노예로 살아가게 된다.

욕망으로부터 벗어나기 위해서는 스스로 만족하는 마음을 가져야 한다. 물론 이는 매우 힘든 일일 것이다. 그러나 진정한 행복을 위해서는 반드시 그렇게 해야 한다. 이에 대해 열자는 다음과 같이 말했다.

"만족함을 아는 사람은 가난하고 지위가 없어도 즐거워한다. 만족함을 알지 못하는 사람은 부자가 되고 벼슬에 올라도 역시 근심에 사로잡힌다."

그렇다. 매우 옳은 지적이라고 할 수 있다. 스스로 만족할 줄 아는 마음이 무엇보다 중요하다. 스스로 만족하지 못하면 아무리 물질이 산더미처럼 쌓여있다고 해도 아무 소용이 없다.

소로가 월든 호숫가에 오두막을 짓고 최소한의 것으로 2년 넘도록 살았던 것은 스스로 만족할 줄 아는 마음에서였다. 그렇지 않았다면 그가 행한 행동이 퍼포먼스라고 해도 할 수 없었을 것이다.

사람은 환경의 지배를 받는 동물이다. 그 환경을 지배하는 자가 되느냐, 환경에 지배를 받는 자가 되느냐 하는 것은 본인에게 달려있다. 환경을 지배하는 자와 그렇지 않은 자는 어떤 차이점이 있을까.

환경을 지배하는 자는 첫째, 자신을 컨트롤 할 수 있는 능력이 있어 어떤 상황에서도 자신을 지켜낼 수 있다. 둘째, 신념이 강건하여 자신이 하고자 하는 일에 의지를 갖고 해나간다. 셋째, 좌로나 우로 치우치지 않고 중심을 잃지 않는다. 이렇듯 환경을 지배하는 자는 능동적이고 긍정적이다.

　그러나 환경의 지배를 받는 사람은 첫째, 자신의 마음을 조율하는데 익숙지 않아 작은 일에도 어쩌지 못해 난처해한다. 둘째, 신념이약하고 우유부단하여 자신의 의지대로 하지 못한다. 셋째, 중심이흐려 줏대 없이 이리저리 쏠리는 경향이 짙다. 그래서 무슨 일을 하더라도 시원하게 해내지 못한다.

　소로가 홀로 지낼 때 외로움을 극복하고, 소박한 음식을 먹고, 누추한 오두막 생활을 즐겁게 할 수 있었던 것은 스스로가 환경을 지배했기에 가능했다. 자신의 의지대로 살기 위해서는 환경을 지배하는 능력을 길러야 한다. 삶을 지배하는 자는 삶을 소유함으로써 스스로 만족할 줄 알고, 행복한 인생을 살게 되는 것이다.

　하나님을 믿는 자들은 특히 이 점에 주목해야 한다. 믿음을 가진자들은 스스로 만족할 줄 알아야 한다. 또한 환경을 지배하는 자가되어야 한다. 믿음은 자신을 조절할 줄 아는 능력을 기르는 신성한행위이다. 자신을 조절하게 되면 물질의 욕망에 휩쓸리지 않게 되고, 불의에 미혹되지 않으며, 스스로 만족하게 됨으로써 그 어떤 환경으로부터도 자신을 지켜낼 수 있다.

　그런데 믿음을 가진 자들 중엔 물질에 대한 욕망을 버리지 못하고, 욕망에 매여 살아가는 이들이 있다. 그들은 돈을 벌기 위해 믿음을 가진 자로서 해서는 곤란한 사업을 하기도 한다.

　필자가 아는 어떤 이는 술장사를 한다. 규모도 제법 크고 시설이좋아 손님들이 제법 많다. 그는 주일마다 교회에 참석하는 등 겉으로 보기엔 모범적인 믿음생활을 하는 것처럼 보인다. 그런데 그를 아는 주변사람들은 교회를 다니는 사람이 술장사를 한다고 뒷담화를 하곤 한다. 그 사실을 잘 알면서도 그는 술장사를 포기하지 못한다. 그 이유는 수익이 좋기 때문이다. 그는 감사헌금도 많이 하는 편이다. 그런데 문제는 술장사해서 번 돈으로 하는 헌금을 하나님이 기뻐하실까 하는 거다. 그 역시 헌금을 하면서도 이 점에 대해서는 고민이 깊은 듯하다. 하지만 그는 물질의 욕망을 버리지 못하 자신의 생각대로 실행하지 못한다.

물질에 대한 욕망을 버린다는 것은 이처럼 힘들다. 믿음 생활을 충실히 하는데도 그것을 놓기가 쉽지 않은 것 같다. 믿음을 가진 사람들은 고리의 사채업을 하거나 비도덕적인 사업을 해서는 안 된다. 그것은 믿음이 없는 사람들이나 하는 짓이다.

하나님은 정도에서 벗어나는 일을 통해 돈을 버는 것을 원치 않으신다. 그렇게 해서 번 돈은 부정한 돈으로 여겨 기쁘게 받을 수 없기 때문이다.

목적이 좋으면 수단은 어떠해도 상관없다는 말은 옳지 못하다. 아무리 목적이 좋아도 수단이 나쁘면 목적을 이룬다고 해도 그것은 진정한 목적이 아니다. 세상은 더 많은 발전을 원한다. 하지만 필자는 더 많은 발전을 이루기보다는 삶의 질을 높여야 한다고 생각한다. 삶의 질이 높으면 더 많은 행복을 느끼게 된다. 대개의 사람들은 삶의 질을 높이려면 물질이 많아야 한다고 생각한다. 그러나 이는 매우 잘못된 생각이다. 물질이 많지 않아도 스스로 만족할 수만 있다면 그것이 곧 삶의 질을 높이는 방법이다.

소로의 『월든』은 지금까지도 많은 사람들이 즐겨 읽는다. 자신은 소로처럼 살지는 못해도 책을 통해 마음을 정화시킬 수 있기 때문이다. 소로는 소박하게 산다는 것이 무엇인지를 잘 보여준 참사람이다.

그렇다면 문제는 간단하다. 물질의 욕망을 조금만 낮춘다면 탐욕에 오염되지 않고 신선한 마음으로 살아가게 됨으로써 진정한 행복을 느낄 수 있다. 그리고 나아가 하나님을 믿는 자로서 스스로를 만족하게 여겨라. 그렇게 될 때 진정 믿음의 사람으로 거듭나게 되는 축복을 누리게 될 것이다.

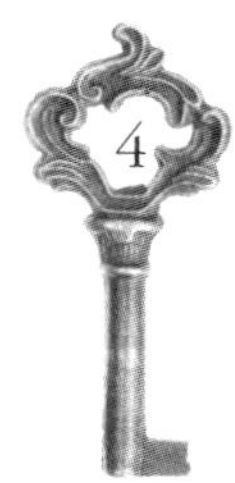

4 변화를 쫓는 삶,
변화를 방치하는 삶
_누가 내 치즈를 옮겼을까

"변화를 유도하면 리더가 되고 변화를 받아들이면 생존자가 되지만, 변화를 거부하면 죽음을 맞게 될 뿐이다."

이는 미국의 기업가인 레이노다가 한 말이다. 이 말은 삶이 있어 변화가 얼마나 중요한지를 단적으로 보여주는 말이다. 변화하지 않으면 지금보다 더 나은 삶을 살지 못할 뿐만 아니라 지금보다도 퇴보할 수 있다. 인간도, 사회도, 제도도, 법도, 교육도 새로운 시대에 맞게 새롭게 변화해야 한다. 그것이 '삶의 법칙'인 것이다.

새롭게 변화하기 위해서는 어떻게 해야 할까.

변화를 두려워하지 말고 변화를 이끌어야 한다. 남들이 'NO'라고 할 때 'YES'라고 말할 수 있어야 한다. 그리고 자신의 말처럼 실행에 옮겨야 한다. 변화는 긍정적인 마인드에서 오는 것이므로 늘 긍정의 에너지를 가슴에 품어야 한다. 변화는 가만히 앉아서 기다리는 자에게는 결코 새로운 길을 열어주지 않는다. 아무리 힘들고 어려운 일이 닥친다고 해도 포기하지 말고 적극적으로 대처해야 한다. 변화는 변화를 쫓기 위해 노력하는 자의 손을 들어준다. 이런 변화의 역동성과 중요성을 잘 알게 하는 책이 있는데 그것은 스펜서 존슨의 『누가 내 치즈를 옮겼을까』이다.

이 책엔 스니프와 스커리라는 두 마리의 생쥐와 헴과 허라는 꼬마 인간이 나온다. 이들 모두는 치즈를 좋아한다. 치즈는 이들에겐 일용할 양식과도 같다. 그러다 보니 치즈로 쌓여있던 첫 번째 창고가 바닥을 드러내고 말았다. 그러자 스니프와 스커리는 곧바로 치즈를 찾아 떠난다. 그리고 이내 새로운 창고에 가득 쌓인 치즈를 발견하고는 환호를 지른다. 그런데 헴과 허 사이엔 미묘한 신경전이 벌어진다. 새로운 치즈를 찾아 나서자는 허와 없어진 치즈의 행방에 매여 쓸데없이 시간을 축내는 헴이 의견 일치를 보지 못한 것이다. 그러자 허는 자신 혼자 치즈를 찾으러 나선다. 그러다 새로운 창고에서 치즈를 발견하고는 기쁨에 겨워한다.

『누가 내 치즈를 옮겼을까』는 변화가 왜 필요하며 변화를 쫓기 위해서는 어떻게 해야 하는지를 생생하게 보여준다.

생쥐 스니프와 스커리를 보자. 이들 생쥐는 치즈가 떨어지자 머뭇거리지 않고 곧바로 새로운 치즈를 찾아 나선다. 그리고 마침내 새로운 치즈를 발견하는 기쁨을 누린다. 이는 변화를 시도함으로써 새로운 것을 추구하는 것을 의미한다. 변화란 변해야 되겠다는 강한 의지가 있어야 만이 시도할 수 있다. 그저 생각만 갖고는 시도할 수 없다. 변화는 곧 실행에서 출발하는 것이다. 하지만 꼬마인간인 헴과 허는 치즈가 없어진 것에 놀라움을 감추지 못한다. 특히 헴은 과잉 반응을 일으키며 분노한다. 그러나 허는 그와 생각이 다르다. 생쥐와 같이 새로운 치즈를 찾아 나서길 바란다. 헴이 자신의 생각에 따라주지 않자 허는 혼자서 치즈를 찾아 나서고 마침내 찾고야 만다. 허는 새로운 것에 대한 열망으로 치즈를 찾았지만 헴은 꽉 막힌 생각으로 현실에만 집착하여 분개한다. 변화에 대한 준비가 전혀 되어있지 않아 변화할 수 있는 기회를 놓치고 만 것이다.

그렇다면 문제는 간단하다. 자신이 정체된 삶에 머무르고 싶지 않다면 허와 같이 누가 뭐라고 하던 자신이 원하는 선택을 통해 새롭게 거듭나야 한다. 삶은 새롭게 변화하기를 꿈꾸는 자에게 지금과는 다른 새로운 환경을 부여해준다. 삶은 여행과 같다. 날마다 새로운 오늘을 맞이하고 새로운 것을 향해 나아가는 게 삶의 본질이다. 이에 대해 프랑스 소설가인 마르셀 프루스트는 이렇게 말했다.

"진정 무엇인가를 발견하는 여행은 새로운 풍경을 보는 것이 아니라 새로운 눈을 가지는 데 있다."

마르셀 프루스트의 말은 겉모습만 보는 것이 아니라 그것을 통해 새로운 눈, 즉 생각을 가져야 한다는 것을 의미한다. 여행을 하는 목적은 보고, 듣고, 느끼고, 경험함으로써 새로운 생각을 발견하는데 의의가 있다. 이런 관점에서 볼 때 마르셀 프루스트는 여행의 진정한 의미를 잘 보여준다고 하겠다.

미국의 세계적인 기업인 코카콜라와 펩시콜라를 보자. 먼저 창업한 코카콜라는 100년 넘게 1위 자리를 지켜왔다. 새로운 음료회사가 우후죽순 늘어났지만 그 어떤 기업도 코카콜라 아성을 넘지 못했다. 그런데 철옹성 같았던 코카콜라의 신화가 무너지고 말았다. 코카콜라를 무너뜨린 기업은 만년 2위인 펩시코였다. 그렇다면 펩시코는 어떻게 해서 새로운 변화를 일으킬 수 있었을까.

펩시코 CEO 웨인 칼로웨이는 펩시코에 새로운 변화를 주기 위해 인도출신 여성기업인인 인드라 누이 Indra K. Nooyi를 펩시코 회장으로 영입하기 위해 러브콜을 보냈는데 당시 인드라누이는 제너럴 일렉트릭GE에서도 러브 콜을 받았다. 칼로웨이는 인드라 누이를 영입하기 위해 "잭 웰치는 내가 아는 최고의 CEO이고, 제너럴 일렉트릭(GE)은 아마도 세상에서 가장 뛰어난 회사일 겁니다. 하지만 나는 당신과 같은 사람이 꼭 필요합니다. 펩시코를 당신을 위한 특별한 공간으로 만들겠습니다." 라고 말했다. 인드라 누이는 칼로웨의 말을 듣고 그가 간절히 자신을 원한다는 걸 느낄 수 있었다. 그녀는 칼로웨이의 요청에 흔쾌히 응했다. 자신을 진정으로 필요로 하는 곳에서 자신의 뜻을 펼치고 싶었던 것이다.

펩시코의 회장이 된 인드라 누이는 펩시코를 1위로 끌어올리는 목표를 세웠다. 그녀는 코카콜라를 누르기 위해서는 지금과는 다른 변화가 필요하다는 것을 간파하고는 변화를 위해서는 모두가 변해야함을 임직원들에게 역설하였다. 인드라 누이는 새로운 변화를 꾀하기 위해 다음과 같이 실행하였다.

첫째, 회사 분위기를 새롭게 일신하였다.

인드라 누이는 자신의 경영 스타일답게 자연스러운 분위기에서 회의를 주도하였고, 격의 없는 대화를 하는 등 커뮤니케이션을 중시하였다. 경직된 상태에서는 제대로 된 창의력을 발휘할 수 없다는 게 그녀의 생각이었다. 그녀의 자유스러운 회사운영방침에 임직원들은 크게 환영하였다. 그러자 창의적인 아이디어가 속출하였다. 이 일로 해서 그녀는 '감성지능형 리더십 CEO' 라는 평가를 받았다.

둘째, 끊임없이 공부하고 연구하기를 종용하였다.

인드라 누이는 늘 새로운 것을 추구하기 위해서는 끊임없이 공부할 것을 독려하였다. 새로운 사업에 대한 제품이 출시되었다고 해도 그 순간 그것은 이미 새로운 것이 아니라는 것이다. 그러기 때문에 새로움의 연속성을 위해서는 늘 공부하고 연구해야 한다는 게 그녀의 생각이었다. 이에 대해 인드라 누이는 이렇게 말했다.

"당신이 새로운 사업 모델을 개발했다고 생각하는 순간, 그것은 사라진다. 왜냐하면 누군가는 그것을 모방할 것이기 때문이다."

과연 최고의 CEO 다운 생각이다.

셋째, 미치도록 열정을 바쳐 일하자고 역설하였다.

아무리 목표가 뚜렷하고 기획이 훌륭하다고 해도 그것을 실행에 옮기는 실천력이 부족하다면 그림의 떡과 같다. 제아무리 생각이 우수하다고 해도 그것을 현실로 이끌어내는 것은 실천하는 것이다. 대개의 사람들이나 기업이 훌륭한 기획안을 갖고 있어도 별다른 성과를 보지 못하는 것은 제대로 된 실천을 하지 못했기 때문이다. 인드라 누이는 자신이 먼저 솔선수범해서 미치도록 일하는 열정을 보여주었다. 그러자 임직원들 역시 그녀를 따라 자신이 맡은 일에 열정을 바쳐 일했다.

이렇게 변화를 시도하자 펩시코는 예전과는 전혀 다른 기업으로 변모하기 시작했다. 임직원들은 창의적이고 감성적인 마인드로 변해갔다. 생각이 바뀌자 모든 것이 달라졌다.

인드라 누이는 웰빙 바람에 따른 세계시장의 흐름을 정확히 예측하고, 건강음료와 식품 등의 분야로 사업을 다양화시킬 것을 강력히 주장하였다. 그리고 자신이 기획한 사업안을 성사시켰던 것이다. 그녀의 예측은 자로 잰 듯 아주 정확했고 100% 성공을 거두었다. 그녀의 장점은 정확한 데이터와 탁월한 사업 분석능력에다 뛰어난 창의력에 있다. 그녀가 매번 기획한 일은 대단한 성과를 가져왔고, 그것은 곧 그녀에 대한 가치를 한껏 높여준 결과를 이루어냈다.

이처럼 한 사람의 뛰어난 생각이 모두를 새롭게 변화시킨다. 시대는 변하는데 생각은 지금과 그대로라면 그 사람은 퇴보할 수밖에 없다.

이는 믿음에 있어 또한 마찬가지다. 어제와 오늘, 내일이 별로 달라지지 않는다면 이런 믿음은 퇴보할 수밖에 없다. 믿음에도 새로운 변화가 필요하다. 그래야 생명력 넘치는 믿음으로 인해 충만한 행복을 느낄 수 있다.

그런데 믿음 생활을 하는 사람들 중엔 담배를 여전히 피우고, 술을 여전히 취하도록 마시며, 주변 사람들에게 해악을 끼치는 일을 눈 하나 깜짝 안하는 이들이 있다. 그러고도 주일이면 성경책을 옆구리에 끼고 태연하게 집을 나선다. 그 모습을 본 주변 사람들은 손가락질을 하며 조소를 금치 못한다.

과연 나는 어떤 믿음인가를 생각해보길 바란다. 나는 지금 제대로 된 믿음생활을 하고 있는가를 말이다. 그래서 자신이 좀 더 새로워져야 한다는 것을 느끼게 되면 즉시 새로워지기 위해 노력해야 한다. 변해야 할 걸 알면서도 변하지 않는 것은 스스로를 무시하고 하나님의 은혜받기를 져버리는 일이다.

생각해보라. 교회에 나가면서 달라지는 게 별로 없다면 그런 믿음을 하나님이 기뻐하시겠는 지를.

"그런즉 누구든지 그리스도 안에 있으면 새로운 피조물이라 이전 것은 지나갔으니 보라 새것이 되었도다."

고린도후서 5장 17절 말씀처럼 그리스도 안에서 새로운 내가 되어야 진정한 하나님의 자녀라고 할 수 있다. 늘 새로운 믿음 안에서 새로운 하나님의 자녀로 거듭나는 당신이 되길 바란다.

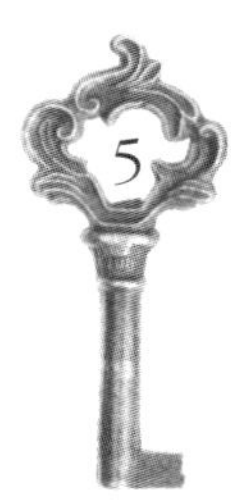

5 하나님의 참사람 믿음으로 승리하다

_썬다싱의 생애

하나님의 참사람이란 하나님의 뜻대로 실천하며 사는 사람을 말한다. 성서적으로 보면 대표적으로 노아가 그렇고, 아브라함이 그렇고, 야곱이 그렇고, 요셉이 그렇고, 모세가 그렇고, 다윗이 그렇고, 베드로와 열두 제자가 그렇고, 사도 바울이 그러하다. 이들은 모두 하나님의 뜻대로 믿음을 실천하며 헌신적인 삶을 살았다.

특히 사도 바울은 바리새인 중에 바리새인으로 뛰어난 율법주의자이며 학자였다. 그는 예수그리스도의 가르침을 따르는 이들을 찾아다니며 핍박을 일삼는 자였으나 하나님의 놀라우신 능력을 경험함으로써 그동안 지은 자신의 죄를 뉘우치고 진정한 사도가 된 참사람이다. 하나님은 아무리 지은 죄가 크다고 해도 그가 진정으로 회개하고 하나님을 받아들이면 그 죄를 사하여 주신다. 그리고 그가 어떻게 하느냐에 따라 믿음을 전하는 일꾼으로 쓰기도 하고, 그에 합당한 일을 하도록 직분을 맡기신다.

하나님의 참사람이 되기 위해서는 때론 고행을 겪기도 하고, 자신

의 모든 것을 포기하기도 해야 한다. 하나님의 참사람이 된다는 것
은 영광스럽고 은혜로운 일이지만 그에 합당한 대가를 치러야만 한
다. 하나님의 참사람이 되는 과정을 담은 책이 있는데『썬다싱의 생
애』라는 책이다. 이 책은 썬다싱이라는 이가 하나님의 참사람이 되
는 과정을 잘 보여준다. 이 책을 읽는 것만으로도 많은 생각을 하게
될 것이다. 그리고 사람에 따라서 지금과는 전혀 다른 길을 걸어가
는 사람도 있을 것이다. 그만큼 이 책은 믿음의 가치와 놀라운 변화
의 과정을 잘 보여주는 책이라고 할 수 있다.

썬다싱은 1889년 9월 3일에 인도에서 태어났다. 아버지는 부유한
지주였고, 어머니는 사랑이 충만한 사람이었다. 썬다싱은 어머니의
영향을 많이 받았다. 썬다싱은 훗날 이렇게 말했다.

"나에게 믿음을 갖게 하신 분은 예수님이시고, 나를 사두(종교인)가
되게 하신 이는 어머니이시다. 나는 이 세상에서 가장 훌륭한 신학교
에서 공부를 했는데 그것은 바로 우리 어머니의 품속이었다."

썬다싱이 어머니에 대한 존경과 감사함을 잘 보여주는 말이다.
그런데 썬다싱이 열네 살 때 큰 충격을 받는 일이 일어났다. 그토
록 사랑하는 어머니와 형이 세상을 떠난 것이다. 썬다싱은 너무나도
큰 슬픔에 빠져 헤어날 수 없을 정도로 몸과 마음이 병들었다. 그는
비탄에 젖어 몸부림쳤다. 그러나 그 어떤 종교도 그의 마음에 평안

을 심어주지 못했다. 그러는 가운데 동네에 있는 장로교 학교에 입학을 했다. 그러나 썬다싱은 교사와 학생들에게 놀림을 받았다. 그가 취한 힌두교적 수행 때문이었다. 교사들은 썬다싱에게 기독교교육을 강화시키려고 하였다. 그러자 썬다싱은 교사와 아이들에게 반감을 갖기 시작했다. 그의 성격은 몰라보게 돌변하였다. 썬다싱은 전도하는 이들에게 돌을 던지고, 전도 집회마다 쫓아다니며 오물과 쓰레기를 집어던졌다. 그는 예전에 착했던 썬다싱이 아니었다. 그리고 성경책을 친구들 앞에서 불태워버리는 일을 저지르기도 했다. 그가 못되게 하면 할수록 그의 마음은 점점 더 고통스러웠다.

그러던 어느 날 "수고하고 무거운 짐진 자들아 다 내게로 오라 내가 너희를 편히 쉬게 하리라." 라는 성경말씀을 읽고 마음에 평안을 느꼈다. 그러나 그는 예수님을 믿겠다는 생각은 하지 않았다. 썬다싱은 여전히 마음이 불안하고 안정이 되지 않았다. 그는 자살할 결심을 하였다. 그리고 한편으로는 평안을 얻게 해달라고 기도하였다. 그런데 썬다싱은 놀라운 경험을 하게 된다. 새벽에 방안 가득 강렬한 빛이 비추었다. 썬다싱은 너무 놀라 자세히 보니 예수님이 그를 보고 있었다. 그리고 말하기를 "썬다싱아, 너는 왜 나를 핍박하느냐. 나는 너와 전 인류를 위해 십자가 위에서 나의 생명을 버렸단다." 라고 했다. 순간 썬다싱은 자신도 모르게 예수님 앞에 꿇어 엎드렸다. 그리고 참 평안을 느꼈다. 그리고 눈을 뜨니 예수님의 모습은 보이질 않았다. 그의 마음속에선 기쁨이 넘쳐났다.

썬다싱은 이를 계기로 자신의 모든 것을 하나님을 위해 바치기로 결심하였다. 그렇게 마음을 먹고 썬다싱은 만나는 사람들마다 예수님을 증거하였다. 이 소식은 그의 아버지 귀에 들어갔다. 그의 아버지는 가문의 명예를 실추시켰다며 분노하며 그를 호되게 질책하였다. 그의 형제들 또한 그를 폭행하며 고통을 안겨주었다. 평소에 썬다싱을 친 자식처럼 아끼던 삼촌은 그에게 본래의 마음으로 돌아와 달라고 하였지만 그는 그럴 수 없는 자신의 마음을 눈물로써 대신하였다.

아버지와 가족들의 반대는 날이 갈수록 더해만 갔다. 썬다싱은 아버지를 비롯한 가족과 함께 할 수 없음을 알고는 시크족의 경전을 버리고 태어나서 한 번도 자른 적이 없는 머리를 잘라버렸다. 이 일로 그는 가족과 더 멀어지고 말았지만 예수님을 향한 뜨거운 열정을 놓지 않았다. 수단과 방법을 가리지 않고 본래의 아들로 돌아오기를 기대하던 아버지는 마침내 썬다싱을 쫓아내며 부모자식간의 관계를 끊어버렸다.

집에서 쫓겨난 썬다싱은 추위 속에서 밤을 새우고 로푸트에 있는 우팔 목사에게로 갔다. 그리고는 그 자리에 쓰러지고 말았다. 썬다싱을 진찰한 의사는 그가 독약이 든 음식을 먹었다고 말하며 살 가능성이 없다고 했다. 가족은 그를 죽이기 위해 음식에 독을 넣은 것이다. 가까스로 정신을 차린 썬다싱은 더욱 믿음의 열정을 갖고 기도하였다. 썬다싱은 건강이 회복되자 루디아나의 장로교 학교로 갔지만, 교장은 그를 성공회의 레드만 신부에게 보내 세례를 받을 수 있게 주선해 주어 성 토마스 교회에서 세례를 받았다. 그의 나이 16세 때이다.

썬다싱은 세례를 받은 지 33일 만에 자신을 온전히 하나님께 바치기로 결심을 하고 본격적으로 전도에 나섰다. 가진 것이라고는 인도어로 쓰여진 성경이 전부였다. 썬다싱은 자신의 고향으로 와서 전도를 하였다. 그리고 전국을 순회하는 전도에 나섰다. 그는 가는 곳곳마다 핍박을 받았지만 자신의 신념을 굽히지 않고 더욱 열정적으로 전도를 하였다. 수없이 굶주리고 동상에 걸려 진물이 나도 그는 전혀 개의치 않고 예수님을 증거하였다.

썬다싱이 17세 되던 해 그는 코드갈이에서 스토크스 씨를 만나 그와 2년 동안 함께 하며 나환자를 돌보는 가운데 더욱 믿음을 단단히 굳힐 수 있었다. 그 후 썬다싱은 북인도로 전도여행을 다녔다. 그러는 가운데 수많은 기적을 경험하고 처음으로 입신을 체험하였다. 그로인해 그는 살아계신 하나님의 존재를 더욱 믿게 되었다.

1912년 썬다싱은 티베트 전도여행길에 올랐다. 그는 히말라야산맥 카알리스산 동굴에서 마하리시 노인을 만났다. 그는 카알리스산에서 거주해온지 209년이나 되었다고 말했다. 썬다싱은 놀라움을 감추지 못하고 그로부터 큰 영감을 받았다.

썬다싱은 1913년 40일 금식기도를 시작하였다. 그는 예수님을 만나는 놀라운 체험을 하게 되었는데 예수님은 십자가에 못 박히셨던 모습을 하고 있었다. 그리고 그는 혼미한 상태에서 사자와 맹수들의 울부짖음을 들었는데 이는 영적으로 들리는 소리였다. 그는 40일이 안 된 상태에서 쓰러지고 말았다. 그때 나무꾼이 그를 발견하여 생명을 구할 수 있었다. 금식기도의 경험은 썬다싱에겐 더욱 여수님과 가까워지는 계기가 되게 하였다.

썬다싱은 다시 티베트로 전도여행을 떠났다. 그는 전도 도중 라마 승에게 체포되어 우물 구덩이에 던져졌다. 그는 우물 구덩이에서 삼일 밤낮을 자지도 못하고 참혹한 고통을 당했다. 썬다싱은 목숨을 다하는 심정으로 기도하였다. 그러자 마음에 평화가 찾아왔다.

그런데 우물 뚜껑이 열리며 로프를 잡으라는 소리가 들려 로프를 잡고 우물 밖으로 나왔지만 아무도 없었다. 기적을 체험한 썬다싱은 감사의 기도를 드리고 다시 전도하러 갔다가 체포되어 추방당하고 말았다. 그는 네팔에서 전도를 하다 체포를 당해 감옥에 갇히었다. 이때 거머리들이 발가벗겨진 그의 몸에 달라붙어 피를 빨아대기 시작했다. 하지만 그는 그런 중에도 찬송가를 부르며 기쁨을 표하자 이에 놀란 관리가 그를 풀어주었다. 온몸을 빨린 그는 정신이 혼미했지만 믿음으로 극복하였다.

썬다싱은 이번엔 남서부인도로 전도여행을 떠났다. 가는 곳마다 사람들이 몰려들어 그의 설교를 들었다. 그리고 많은 사람들이 예수님을 믿게 되었다. 그는 또 다시 티베트로 전도여행을 떠났다. 그러나 그는 전도 중에 추방을 당했다. 썬다싱은 서른이 되어 또 다시 티베트로 전도여행을 떠났다. 티베트를 복음으로 가득 채워야 한다는 게 그의 신념이었기 때문에 그토록 티베트 전도에 목숨을 걸었던 것이다. 그는 또 다시 죽을 고비를 넘기고 인도로 돌아왔다.

썬다싱은 실로 오랜만에 고향집으로 돌아왔다. 그런데 놀라운 일이 벌어졌다. 아버지는 그를 박해하지 않았다. 썬다싱은 이에 감사기도를 드렸다. 바로 그때 그의 아버지는 지난 날 아들에게 저질렀던 일에 대해 용서를 구했다. 그의 아버지는 지난날 자신의 잘못을 뉘우치고 회개함으로써 예수님을 영접하였다. 그가 집에서 쫓겨난 지 15년만의 일이었다.

썬다싱은 1920년에서 1922년까지 유럽으로 전도여행을 떠났다. 가는 곳마다 많은 사람들이 그의 설교를 듣고 감화하였다. 그는 이어 미국, 팔레스타인, 일본을 비롯한 6대주 5대양 모든 지역을 돌며 예수님을 증거하는 놀라운 일을 해냈다.

썬다싱은 40세 때인 1929년 4월 티베트로 간 이후 소식이 끊기고 말았다. 그의 흔적은 발견되지 않았다. 그는 20세기에 가장 위대한 전도자였다.

썬다싱은 사도 바울과 유사한 점이 많다. 사도 바울이 바리새인 중에 바리새인이며 유대인으로서 로마시민권을 가진 당시로서는 막강한 실력자였다. 썬다싱 또한 인도의 시크족의 부호인 유력자의 아들로 부족함이 없었다.

또한 그 역시 사도 바울이 되기 전인 사울처럼 예수님을 따르는 자들을 억압하고 핍박하였다. 그러나 살아계신 예수님을 체험한 뒤 그는 완전히 다른 사람으로 바뀌었다. 이는 사도 바울의 경우도 마찬가지다. 사도 바울이 지금의 유럽권 등지를 전도했듯 썬다싱은 인도전역을 비롯해 네팔 등 동남아시아 및 티베트 지역을 중점적으로 전도하였으며 유럽지역 및 미국 등 전 세계적으로 전도여행을 하며 믿음을 전파하였다.

사도 바울이 위대한 사역자이었듯이 썬다싱 또한 위대한 사역자였다. 썬다싱의 생애를 통해 기독교인들은 많은 것을 느끼게 될 것이다. 그러나 보다 중요한 것은 느끼는 것으로 끝나서는 안 된다. 느낀 것을 실천에 옮기는 적극적인 자세가 더욱 중요하다. 생각으로는 이해하고 다 안다고 해도 그것을 실천에 옮기지 못하면 그것은 아무것도 아닌 것이 되고 만다.

믿음 생활을 하다보면 여러 가지 면에서 자신의 뜻과 다른 일에 봉착하게 될 때가 많다. 첫째는 부부가 같이 믿지 않을 경우 배우자로부터 믿음을 방해받는 말이나 행동으로 인해 갈등하게 된다. 이럴 때 부부싸움을 벌인다면 서로에게 상처가 됨은 물론 특히 믿음을 가진 사람은 더욱 고통스러움을 느끼게 된다. 이런 상황을 만들지 않으려면 믿는 쪽에서 먼저 양보하고 상대를 진정으로 위해주는 노력을 보여야 한다. 감동보다 더 큰 무기는 없다. 감동으로 배우자를 따라오게 하라. 둘째는 헌금강요로 인해 마음이 무거울 때 고민하게 된다. 이럴 경우 고민할 필요가 없다. 내가 기쁘게 할 수 있을 만큼만 하라. 남의 눈치를 보거나 그로인해 상처를 받는다는 것은 하나님 보시기에 좋지 않다. 셋째는 공연히 오해를 사 마음의 상처를 입을 때이다. 이런 상황에서는 맞서서 해명하기보다는 화가 나더라도 기도로써 마음을 다스려다. 시간이 지나면 자연히 해결된다. 그러면 사람들이 당신을 달리 생각하게 될 것이다. 이밖에도 상황에 따라 뜻하지 않는 일이 발생할 때가 있다. 그럴 땐 감정을 앞세우지 말고 기도하며 믿음으로써 해결하는 자세를 가져야 한다. 그렇게 하다보면 원만하게 일이 잘 해결된다. 그러나 일일이 맞서서 해결하려다 보면 오히려 일이 불거져 마음의 상처를 입게 되는 경우가 많다.

믿음은 하나님과 나 사이를 돈독해 하는 행위이다. 참 믿음을 갖는다는 것은 하나님과 나의 사이를 더욱 가깝게 만드는 소중한 행위이다. 썬다싱이 최악의 상황에서도 모든 것을 이겨내고 하나님의 참사람이 되어 믿음으로 승리했듯이 하나님의 참사람이 되기 위해서는 당신 또한 굳건한 믿음으로 당신에게 주어진 모든 상황을 극복해야 한다.

『썬다싱의 생애』는 참 믿음이란 무엇이며, 참사람이 되는 길은 무엇인지를 잘 보여주는 믿음의 텍스트라고 할 수 있다. 마음에 갑갑함을 느낄 때, 일이 잘 풀리지 않아 고통스러울 때, 누군가를 미워할 때, 무엇인가 목적을 두고 기도할 때, 지혜를 구하고 싶을 땐 『썬다싱의 생애』를 읽으면 믿음과 용기를 얻는 데 많은 도움을 얻게 될 것이다.

믿음의 사람으로
살아가기

믿음의 사람으로 살아간다는 것은 하나님의 자녀로서는 당연한 일이다. 하지만 온전한 믿음을 갖는다는 것은 쉽지 않다. 그것은 마치 수행을 하듯 몸과 마음을 깨끗이 닦는 일이다.

그런데 복잡한 현대사회에서 그렇게 하기란 그 무엇보다도 어려운 일이 아닐 수 없다. 그러나 진실한 하나님의 자녀로 인정받고 싶다면 그렇게 해야 한다. 그것이 하나님의 자녀된 도리이다. 예수님께서는 그렇게 하기를 말씀하셨다.

"내가 곧 길이요, 진리요, 생명이니, 나로 말미암지 않고는 아버지께로 올 자가 없느니라."

요한복음 14장 6절의 말씀이다.
이 말씀에서 보듯 예수님은 당신을 길이며, 진리이며, 생명이라고 하시며 당신을 통하지 않고는 아버지 곧 하나님께 가지 못한다고 하셨다. 그렇다. 예수님은 진리에 이르는 길이다. 예수님을 잘 믿으면 진리에 이르지만 잘 안 믿거나 믿지 않으면 진리에 이르지 못한다. 또한 예수님은 진리이시니 예수님을 온전히 믿으면 그가 곧 진리에 이르게 된다. 그리고 예수님은 영원한 생명이시다. 그래서 살아서 믿는 사람은 영원히 죽지 않는다. 하나님의 참된 자녀가 되기 위해서는 반드시 예수님을 믿되 진실되게 믿어야 한다. 예수님을 잘 믿는다는 것은 곧 하나님의 자녀로 인정받는다는 것을 의미하기 때문이다.

문명이 발전할수록 삶은 그에 비례해 피폐해지고 있다. 사람이 사람을 해치는 일이 늘어나고, 윤리와 도덕이 땅에 떨어져 구르고, 부패가 팽배하여 썩은 악취를 풍긴다. 하나님이 인간을 위해 만드신 산과 바다, 하늘과 땅은 온갖 쓰레기와 오염으로 더럽혀지고, 온 우주의 주인이고 창조주이신 하나님을 능멸하는 일이 비일비재하다. 늦었을 때가 가장 이르다는 말이 있다. 하나님의 품안에서 참된 믿음의 사람으로 살아가고 싶다면 온전한 믿음을 길러야 한다.

하나님은 당신을 사랑하는 자를 좋아하고, 그에게 참된 자녀가 되도록 축복하신다. 하나님의 참된 자녀가 되는 당신이 되길 기원한다.

기독교인
책에서 길을 묻다

1판 1쇄 발행 2014년 1월 15일
지은이 김옥림 **펴낸곳** 북씽크 **펴낸이** 최석원
주 소 서울시 성동구 행당동 192-29 성동샤르망 1019호 **전 화** 070-7808-5465
등록번호 제206-86-53244 **ISBN** 978-89-97827-43-5 **이메일** bookthink2@naver.com
Copyright ⓒ 2014 김옥림

＊잘못된 책은 구입처에서 교환해 드립니다